लक्ष्य

ज़िन्दगी का

सुभाष लखोटिया

टैक्स गुरु : सीएनबीसी आवाज,
चिंतक, विचारक, प्रेरक एवं वक्ता,
आयकर एवं निवेश सलाहकार

डायमंड बुक्स

ISBN : 978-81-288-3489-9

प्रकाशक : **डायमंड पॉकेट बुक्स (प्रा.) लि.**
X-30, ओखला इंडस्ट्रियल एरिया, फेज-II
नई दिल्ली-110020
फोन : 011-41611861
फैक्स : 011-41611866
ई-मेल : sales@dpb.in
वेबसाइट : www.diamond book.in
संस्करण : 2011
सम्पादक : एम. आई. राजस्वी

LAXYA ZINDGI KA
by : Subhash Lakhotia

भूमिका

पिछले 40 वर्षों से मैं जब-जब लाखों लोगों के संपर्क में आया, मैंने पाया कि ज्यादातर लोग न तो अपनी ज़िन्दगी के लक्ष्य के बारे में सोचते हैं, न वे चिंतन करते हैं और न ही उनकी कोई स्पष्ट स्थिति होती है। जब कभी भी आपस में बैठे दोस्त लक्ष्य के बारे में चर्चा करते हैं तो ज्यादातर यही बात उठती है कि बताओ, आपकी ज़िन्दगी का लक्ष्य क्या है? किन्तु सबसे महत्त्वपूर्ण बात यह है कि हमें दूसरों के लक्ष्य के बारे में अधिक जागरुकता नहीं रखनी चाहिए और केवल अपनी ज़िन्दगी के लक्ष्य के बारे में चिंतन-मनन और सोच-विचार करना चाहिए।

मुझे पूर्ण विश्वास है कि इस पुस्तक के पठन से पाठकों को इतनी शक्ति मिलेगी कि वे अपनी ज़िन्दगी का लक्ष्य निश्चित रूप से निर्धारित कर सकेंगे और फिर उस पर अमल कर सकेंगे ताकि उनकी ज़िन्दगी में एक अभूतपूर्व आनन्द आ सके और लक्ष्य को प्राप्त करने के लिए उन्हें असीम प्रसन्नता प्राप्त हो सके।

लक्ष्य प्राप्त करना सहज है, अगर आप उस पर अडिग होकर उसके लिए सच्चा चिंतन करते रहें, किन्तु सबसे पहले जरूरी है उस लक्ष्य को लिख लेना। यह लिखना तब संभव है, जब हम सच्ची लगन से अपने स्वयं के लक्ष्य के बारे में सोचें और मनन करें। यह पुस्तक हमारे पाठकों की निश्चित रूप से मदद करेगी, ताकि वे अपनी ज़िन्दगी का लक्ष्य लिख सकें और फिर उसे पूरा कर सकें।

मेरी धर्मपत्नी श्रीमती सुशीला लखोटिया ने अथक परिश्रम कर इस पुस्तक को संवारने में मेरी काफी मदद की और समय-समय पर मुझे इस पुस्तक को पूरा करने के लिए प्रेरित भी किया। हमारे प्रकाशक श्री नरेन्द्र कुमार वर्मा जी का भी मैं शुक्रगुजार हूँ जिन्होंने समय-समय पर अपना

अमूल्य सुझाव दिया, ताकि पुस्तक और अच्छी बन सके तथा समय पर पाठकों तक पहुंच सके।

मुझे यह पुस्तक लिखने पर तब शांति और प्रसन्नता प्राप्त होगी, अगर यह पुस्तक भारत के लाखों व्यक्तियों को उनकी ज़िन्दगी के लक्ष्य को स्थापित करने में मदद कर सके।

- सुभाष लखोटिया

लखोटिया निवास

एस-228, ग्रेटर कैलाश भाग-2,

नई दिल्ली-110048

मो. 09810001665

ई-मेल: slakhotia@satyam.net.in

विषय सूची

1

सफलता के लिए लिखें लक्ष्य ज़िन्दगी का

'अपने जीवन का लक्ष्य बनाओ और फिर सारी शारीरिक एवं मानसिक शक्ति उसमें लगा दो, तब मिलने वाली सफलता को कोई नहीं रोक सकता।'

–विश्वविख्यात विचारक कार्लाइल

उम्र चाहे जो भी हो, चाहे 18 वर्ष हो या हो 81, अगर आप चाहते हैं कि आपकी ज़िन्दगी सुखपूर्वक बीते, अगर आप ज़िन्दगी का पूर्ण लुत्फ़ उठाना चाहते हैं और प्रभु ने जो मानव जीवन दिया है, उसका पूर्ण आनन्द लेना चाहते हैं तो सबसे पहले आज ही बैठकर लिख दीजिये अपनी ज़िन्दगी के लक्ष्य को। कुछ व्यक्ति ऐसा भी सोचते हैं कि ज़िन्दगी का लक्ष्य लिखने की जरूरत ही नहीं है, ज़िन्दगी तो जैसे-तैसे कट ही जायेगी, फिर हम लक्ष्य लिखकर क्या करें। दूसरी तरफ ऐसे व्यक्ति भी हैं, जो यह सोचते हैं कि प्रभु ने हमारी ज़िन्दगी में जो भी लिख दिया, वही घटेगा। ऐसे में हम अपना लक्ष्य कागज पर लिख भी दें तो उसका क्या फायदा? ऐसी विचारधारा वाले व्यक्ति अपनी ज़िन्दगी बिना किसी उद्देश्य के जीते हैं और उनकी ज़िन्दगी में खुशियां भी बहुत कम देखने को मिलती हैं, किन्तु अगर आप चाहते हैं कि आपकी ज़िन्दगी वास्तव में आनन्दमय हो तो निश्चित रूप से सबसे महत्त्वपूर्ण कार्य यह है कि आप बैठकर अपनी ज़िन्दगी का लक्ष्य एक कोरे कागज़ पर लिख डालें।

जब हम लक्ष्य की बात करते हैं और यह चर्चा अपने दोस्तों, सहपाठियों, परिवार के लोगों और इष्ट मित्रों से करते हैं तो हम ज्यादातर यह पाते हैं कि

लक्ष्य की चर्चा करते ही आप फटाफट दूसरे व्यक्ति से उसकी ज़िन्दगी का लक्ष्य पूछने में व्यस्त हो जाते हैं। मेरा मानना है कि अगर आप अपनी ज़िन्दगी को और आनन्दमय, रसमय तथा पूर्ण रूप से सफल बनाना चाहते हैं तो आपको बैठकर अपनी ज़िन्दगी के लक्ष्य को लिखना ही होगा।

दूसरे व्यक्ति ने अपना लक्ष्य क्या बनाया? क्या उसकी ज़िन्दगी में लक्ष्य प्राप्ति की इच्छा है? इन बातों को आप अधिक महत्त्व न दें, केवल एक बात सोचें कि अगर आपने अपना कोई लक्ष्य बनाया और वह लक्ष्य वास्तव में आपको आकर्षित कर रहा है तथा वह पूरा हो जाए तो आपको कितनी प्रसन्नता मिलेगी। इस भावना को या इस विचार को निरंतर मन में रखें और यह गांठ बांध लें कि मुझे तो अपनी जिन्दगी का लक्ष्य हासिल करना ही है, परंतु दुर्भाग्य की बात यह है कि लक्ष्य क्या है, यह प्रायः पता ही नहीं होता। अतः आज आप यह सोच लें कि आपकी ज़िन्दगी में एक जबरदस्त बदलाव आने वाला है, वह बदलाव लाभकारी होगा, आनन्दमय होगा और आपकी ज़िन्दगी में खुशियां लाएगा, परंतु यह सब तभी संभव हो पायेगा, जब आप अपने लक्ष्य को निर्धारित कर लें और फिर लग जाएं जी-जान से उस लक्ष्य की प्राप्ति पर।

किस उम्र में हम लक्ष्य को निर्धारित करें और कैसे निर्धारित करें, इस प्रकार के ढेर सारे प्रश्न आपके दिलो-दिमाग में छाए रहेंगे, किन्तु आप इन प्रश्नों की परवाह किए बिना जल्दी इस बात पर अपनी सहमति बना लें कि लक्ष्य बनाना उसी व्यक्ति का कार्य है, जो अपनी ज़िन्दगी में सफलता प्राप्त करना चाहता है। जरा साचिए, अगर लक्ष्य ही नहीं होगा तो आपको ज़िन्दगी में क्या हासिल करने की तमन्ना रहेगी? इसलिये उम्र चाहे जो भी हो, उम्र की परवाह न करें और अपने लक्ष्य के निर्धारण में जल्दी ही लग जाएं। सबसे पहले तो आपको लक्ष्य का निर्धारण करना पड़ेगा। तत्पश्चात् लक्ष्य को प्राप्त करने का कार्यक्रम प्रारंभ होगा और उसे पूरा करने के लिए जब आप पूर जोश से लग जायेंगे तो यह बात निश्चित मान लीजिये कि आपके द्वारा निर्धारित किये गये लक्ष्य पूर्ण होंगे। ऐसी बातें न सोचें कि मेरी ज़िन्दगी का लक्ष्य तो जैसे भगवान चलाएगा, वैसे ही चलेगा। निश्चित रूप से भगवान में आस्था रखें, किन्तु इस बात को हमेशा याद रखें कि प्रभु भी केवल उसी व्यक्ति की मदद करता है, जो अपनी मदद स्वयं करता है। इसी बात को मद्देनज़र रखते हुए आप अगर अपनी ज़िन्दगी का लक्ष्य एक कोरे कागज पर लिखकर निर्धारित कर लेंगे, आप पाएंगे एक दौड़ता हुआ सुनहरा पल और ऐसी आने वाली हसीन ज़िन्दगी की

परिकल्पना, जो आधारित है आपके अपने ही लक्ष्य पर। अतः प्यारे पाठको! अगर आप चाहते हैं कि आपकी ज़िन्दगी हसीन हो जाये और कुछ पल ऐसे आएं, जो आपको रोमांचित कर दें, ज़िन्दगी में इस तरह की खुशी आए जिसकी आप कल्पना कर रहे हैं और ढेर सारी उपलब्धियाँ हासिल करने की आपकी तमन्ना है तो फिर, इन सभी तमन्नाओं की पूर्ति के लिए पहला कदम यह है कि एक कोरे कागज पर अपनी ज़िन्दगी का लक्ष्य लिख दीजिए।

मेरा यह मानना है कि जिस समय व्यक्ति नाबालिग से बालिग होता है, उसी समय अपनी जिन्दगी के लक्ष्य निर्धारण की यात्रा प्रारंभ हो जाती है। यह यात्रा समय-समय पर थोड़े बदलाव जरूर लेती रहेगी, किन्तु ज़िन्दगी का लक्ष्य लिखने का समय उसी समय प्रारंभ हो जाता है, जब आप बालिग हो जाते हैं। ढेर सारे ऐसे पाठक भी होंगे जिन्हें बालिग हुए लम्बा अरसा हो गया। कुछ लोग तो ऐसे भी होंगे जो 10-20-30 साल पहले ही बालिग हो गये थे। क्या वे आज अपना लक्ष्य लिखें या बीती हुई पुरानी बातों को याद कर मौन बैठे रहें। पुरानी बातें मत सोचें, बल्कि ज़िन्दगी के लक्ष्य निर्धारण की प्रक्रिया आज से ही प्रारंभ कर दें। सबसे पहले यह मान लें कि आपकी अपनी ज़िन्दगी के लक्ष्य निर्धारण का समय उसी समय प्रारंभ होता है, जिस दिन आप सोच लें कि मुझे अपनी ज़िन्दगी का लक्ष्य लिख डालना है। अतः आप जैसे ही बालिग हों, उस समय से ही आप अपने लक्ष्य के निर्धारण की प्रक्रिया को अपनाना प्रारंभ करें। अगर आपको बालिग हुए काफी लम्बा अरसा हो गया है तो अपनी ज़िन्दगी के लक्ष्य को आज ही निर्धारित करें, किन्तु आपकी संगत में जो भी बालिग व्यक्ति आएं, उन्हें प्रेरणा दें कि यदि वे अपनी ज़िन्दगी को मधुरमय, आनन्दमय बनाना चाहते हैं तो ज़िन्दगी का लक्ष्य जल्दी से लिखना शुरू करें। आप किसी भी उम्र के व्यक्ति हों, चाहे पुरुष हों या महिला हर पल, हर समय उपयुक्त है अपनी ज़िन्दगी के लक्ष्य बनाने का। जरा सोचें कि आप बहुत कुछ पाना चाहते हैं तो पाएंगे जरूर, किन्तु क्या पाना चाहते हैं इस विवरण को एक कागज पर लिखना ही होगा। अगर लिखेंगे नहीं कि हमें ज़िन्दगी के हर मोड़ पर क्या उपलब्धि हासिल करने की इच्छा है तो फिर उन उपलब्धियों को कैसे पायेंगे । अतः हर उम्र के पाठक को सलाह दी जाती है कि वह कोरे कागज पर अपने लक्ष्य को लिख दें।

अब हमें पूरा विश्वास है कि हमारे पाठकों ने यह तय कर लिया है कि उनकी ज़िन्दगी में लक्ष्य निर्धारित करना वास्तव में एक बड़ी चुनौती

है। बड़े फायदे की बात है और बड़ी उपलब्धियाँ भरी हुई दास्तान है ज़िन्दगी में सफलता पाने की। आने वाले अगले 10-20 वर्षों में अगर आप सफलता के नये आयाम छूना चाहते हैं तो आज लक्ष्य को निर्धारित करना और तत्पश्चात् प्रतिदिन उन लक्ष्यों की पूर्ति के लिए सच्चे मन से, सच्ची लगन से लग जाना ही आपको आपके लक्ष्य के नजदीक ले जायेगा। जरा सोचिए, जिस व्यक्ति ने अपनी ज़िन्दगी का लक्ष्य निर्धारण ही नहीं किया, वह व्यक्ति ज़िन्दगी में जीता तो रहेगा, किन्तु बिना किसी रोमांच के। यदि आप रोमांचकारी, आनन्दायक, प्रतिपल स्फूर्तिदायक, प्रति क्षण उन्नति की ओर अग्रसर ज़िन्दगी चाहते हैं तो आपको मेरी बात मानकर अपनी ज़िन्दगी का लक्ष्य लिखना ही होगा।

जब लक्ष्य को निर्धारित करने का समय आता है तो मैंने पाया कि बहुत से व्यक्ति एक बात को बार-बार पूछते रहते हैं कि आखिर हम अपनी ज़िन्दगी का लक्ष्य निर्धारण करने के लिए क्या प्रक्रिया अपनाएं। बार-बार यही सवाल उठता है कि कैसे लिखें अपने लक्ष्य को? किससे पूछकर अपने लक्ष्य को निर्धारित करें? अपने लक्ष्य के निर्धारण में हम किस-किस की मदद लें ? लक्ष्य लिखने के कार्य में कितना समय लगेगा? इस प्रकार के प्रश्न आपके मन में भी आज और कल आते होंगे और आते रहेंगे, परन्तु अपने अनुभव के आधार पर मैं यह कह सकता हूँ कि भारत में मैंने लाखों व्यक्तियों को प्रेरित किया कि वे अपनी ज़िन्दगी के लक्ष्य का निर्धारण करें।

मेरे लिए यह बड़ी प्रसन्नता की बात है कि इन व्यक्तियों में से अनेक व्यक्ति ऐसी सफलता की सीढ़ी को पार कर चुके हैं जिसकी कल्पना उन्हें उस समय तक नहीं थी, जब तक उन्होंने अपने लक्ष्य निर्धारण के कार्यक्रम को नहीं लिखा था। हो सकता है, कुछ ऐसी ही स्थिति आपकी भी हो, किन्तु अब आपको परेशान होने की बिल्कुल भी जरूरत नहीं है। हम आपको बताएंगे कि ज़िन्दगी के लक्ष्य का निर्धारण कैसे किया जाए। सबसे पहले एक कोरे कागज पर आप एकांत में बैठकर अपनी ज़िन्दगी के लक्ष्य को लिखने का कार्य करें। साधारणत: यह देखा गया है कि आधे घंटे से एक घंटे के बीच में एकाग्रता के साथ जब आप बैठेंगे तो निश्चित रूप से आप अपनी ज़िन्दगी का लक्ष्य लिख लेंगे, किन्तु प्यारे दोस्तो! इस आधे-एक घंटे में अपने द्वारा लिखे गए लक्ष्य को ही संपूर्ण लक्ष्य न मानें क्योंकि मेरा उद्देश्य यही है कि आपकी ज़िन्दगी का लक्ष्य कुछ इस तरह से उभरे कि वह वास्तव में आपकी ज़िन्दगी बदल दे।

मेरे ख्याल से आप भी चाहते तो यही होंगे और अगर आपका उत्तर 'हां' है तो मेरी बात जरा ध्यान से सुनें। जो लक्ष्य आपने आधे-एक घंटे में लिखा, उसको ही अपनी ज़िन्दगी का संपूर्ण-सही लक्ष्य न समझें, बल्कि अगले दिन अपने द्वारा लिखे गए उस कागज पर अपनी ज़िन्दगी के लक्ष्य को पुनः पढ़ने का कार्यक्रम बनाएं। अब जरा एक या दो घंटे लगाकर आप पुनः अपने द्वारा निर्धारित किए गए 24 घंटे पहले जो लक्ष्य बनाए थे, उन्हें पुनः पढ़ें और मनन करें। ऐसा करने से आप पाएंगे कि कुछ लक्ष्य जो आपने लिखे, वे आपने काट डाले और कुछ नए लक्ष्य जोड़ दिए। अब आपका प्रश्न है कि क्या आपका लक्ष्य लिखने का कार्यक्रम समाप्त हो गया। वैसे तो हो ही गया, किन्तु आपकी इच्छा यह है कि मैं अपनी ज़िन्दगी का लक्ष्य वाला कागज ऐसा बनाऊं कि आने वाले समय में इसमें कोई भी बदलाव न हो।

ऐसी स्थिति में मेरा यह मानना है कि आप अब एक दिन, चाहे वह रविवार या अन्य छुटटी का अथवा अन्य कोई भी दिन हो, शांति से 24 घंटे का एक मौन कार्यक्रम करें। जी हां, अब 24 घंटे के मौन के साथ अपने द्वारा बनाए गए जीवन के लक्ष्य वाले पृष्ठ को पढ़ना है। बात थोड़ी विचित्र-सी लगेगी, किन्तु वैज्ञानिक दृष्टि से और मेरे द्वारा अनुभव की गई यह बात भली-भांति सिद्ध होगी कि अगर आप अपने जीवन के लक्ष्य को अच्छी तरह से सजाना चाहते हैं तो अब समय आ गया है कि अपने कार्यालय, दफ्तर, व्यापार या व्यवसाय से 24 घंटे की छुटटी ले लें और उस दिन मौन करें। इस 24 घंटे के मौन के दौरान अपनी हर गतिविधि जैसी चाहे रखें, किन्तु मुँह से एक शब्द भी न बोलें। अब आपको केवल एक ही काम करना है, आपके द्वारा ही जो एक पेज पर अपनी ज़िन्दगी का लक्ष्य लिखा हुआ है, उस लक्ष्य को बार-बार पढ़ना है, चिंतन करना है, मनन करना है और मूर्तिकार जैसे पत्थर से मूर्ति बनाता है, उसी तरह अपने द्वारा लिखे गए जीवन के लक्ष्य को संवारना-सुधारना है, तब आप पाएंगे कि जिस लक्ष्य को आपने केवल आधे घंटे में लिखा था, उसमें अब मूलभूत परिर्वतन हो गया है। अब आपका अपना लक्ष्य एक ऐसा उपकरण बन गया है, जो आपकी ज़िन्दगी की राह को बदल देगा, मोड़ देगा और ले जाएगा उस स्थान पर, जहां केवल आनन्द और प्रसन्नता की प्राप्ति होने वाली है। आज नहीं तो कल और कल नहीं तो परसों। जरा सोचें कि अपनी ज़िन्दगी का लक्ष्य लिखने में अगर हम थोड़ा-सा ज्यादा समय भी लगा देते हैं और जैसा मैंने बताया कि 24 घंटे के मौन के पश्चात् ही अपनी

ज़िन्दगी के लक्ष्य को लिख डालो। ऐसा करने में पहली बार तो हर व्यक्ति को लगेगा कि एक छोटे-से काम को अर्थात् अपनी ज़िन्दगी के लक्ष्य लिखने में इतने लम्बे समय का उपयोग करना कोई बुद्धिमानी की बात नहीं है, परंतु अगर मेरी बात मानें तो आप अपनी ज़िन्दगी के लक्ष्य को 24 घंटे के मौन के दौरान संपादित करके तैयार कर लें। तब आप निश्चित रूप से पाएंगे कि आपके मस्तिष्क की तरंगों में पूरी ज़िन्दगी का लेखा-जोखा जो आप चाहते हैं, जो बनना चाहते हैं, जो करना चाहते हैं, जो हासिल करना चाहते हैं, वह लिखकर तैयार हो गया है। इस 24 घंटे के मौन के दौरान तैयार किए हुए लक्ष्य को ही अब आपको अपनी ज़िन्दगी का महामंत्र बनाना है। यही नहीं, इस लक्ष्य को प्रतिदिन देखना है, संवारना है और हासिल करने के लिए निरंतर प्रयत्न करते रहना है।

मुझे पूर्ण विश्वास है और मैं गारंटी के साथ यह दावा कर सकता हूँ कि हर पाठक, जो अपनी ज़िन्दगी के लक्ष्य को कागज पर लिख डालेगा और अच्छी तरह संवार लेगा तथा एकाग्रचित्त होकर अपने लक्ष्य की विचारधारा को क्रियान्वित करने के लिए रास्ता बना लेगा तो निश्चित रूप से उस व्यक्ति का भविष्य प्रतिदिन आनन्द प्रदान करने वाला होगा। ऐसा इसलिए है, क्योंकि उस व्यक्ति ने अपने लक्ष्य को लिख डाला, समझ लिया और प्रतिपल-प्रतिदिन उस लक्ष्य की प्राप्ति के लिए ही निरंतर प्रयत्नशील रहा।

एक बार यह सोचें कि एक तरफ आप हैं जिसने सोच लिया कि मैं अपने जीवन के लक्ष्य को लिख डालूंगा, मनन करूँगा और उसे प्राप्त करूँगा, वहीं दूसरी तरफ ऐसा व्यक्ति भी है जिसने लक्ष्य की उपयोगिता के बारे में न तो माना, न जाना और न ही विश्वास किया। ऐसा व्यक्ति अपनी ज़िन्दगी रोते-धोते काटता रहता है। वह न तो उपलब्धि प्राप्त करता है और न ही कुछ हासिल करने की उसकी कोई सोच व समझ होती है। अब आप भी कल्पना कर लें और दोनों प्रकार के व्यक्तियों में फर्क कर लें। एक ऐसा व्यक्ति जिसने लक्ष्य बनाया और दूसरा ऐसा व्यक्ति जिसने अपना लक्ष्य नहीं बनाया। अतः आप इस बात के भली-भांति अभ्यस्त हो जाएं कि हमें अपनी ज़िन्दगी का लक्ष्य निर्धारित करना है। उसे हासिल करने की प्रक्रिया लक्ष्य बनाने के बाद ही प्रारंभ होगी।

लक्ष्य बनाने का एक सीधा-साधा कारण अगर आप जानना चाहें तो यह है कि हमें जो मानव जीवन मिला है, इसे सफलतम बनाने के लिए अगर हमारा

अपना लक्ष्य निर्धारित होगा, तभी हम सफल मानव बन पाएंगे और सफलता के आयामों को पार करने में भी हमें ज़िन्दगी के किसी मोड़ पर परेशानी नजर नहीं आएगी।

कई बार चार दोस्त मिलकर अपने-अपने लक्ष्य पर चर्चा करते हैं और बात आई-गई हो जाती है, क्योंकि वे लोग ज़िन्दगी के लक्ष्य को उतनी गहराई से नहीं सोचते। केवल गप-शप करते हैं। सच तो यह है कि आपकी अपनी ज़िन्दगी और आपका अपना ही लक्ष्य आपको एक सफल व्यक्ति बनाएगा। समय के अनुसार भी प्रत्येक व्यक्ति को अपने लक्ष्य में थोड़ा-बहुत बदलाव लाना चाहिए, किन्तु मुख्य धारा में जो लक्ष्य आपने अपने लिए निर्धारित कर लिया, उसी लक्ष्य पर आपकी ज़िन्दगी चलती रहेगी।

2

किन बातों का बनायें हम अपना लक्ष्य

'अपने लक्ष्य को न भूलो, अन्यथा भला-बुरा जो कुछ भी मिलेगा, उसी में संतोष करने लगोगे।'

–जॉर्ज बर्नार्ड शॉ

जब आपने सोच लिया कि ज़िन्दगी को सुखी व सम्पन्न बनाने के लिए लक्ष्य बनाना जरूरी है तो अगला प्रश्न यह उठता है कि किन-किन बातों के बारे में हम अपना लक्ष्य बनाएं। संपूर्ण भारत में ढेर सारे सेमिनार और छोटी-बड़ी वार्ता के दौरान जब मैं लाखों व्यक्तियों से प्रतिवर्ष आमने-सामने मिलता हूँ तो एक बड़ा ही महत्त्वपूर्ण प्रश्न बार-बार लोगों की तरफ से आता है। वह प्रश्न यह है कि किन-किन बातों को हम अपना लक्ष्य बनाएं। चाहे वार्ता दिल्ली में हो, कोलकाता, मुम्बई, बंगलुरू, चेन्नई, गोहाटी, डिगबोई, अजमेर या पुणे-नागपुर में हो; अलग-अलग शहरों में अलग-अलग पृष्ठभूमि के, अलग-अलग खान-पान और अलग उम्र के लोग होते हैं, परंतु सबका एक ही सवाल होता है कि वे अपना लक्ष्य कैसे और किस बारे में बनाएं?

दोस्तो! हम बात कर रहे हैं– आपका लक्ष्य आपकी ज़िन्दगी के लिए। इसलिए कृपया यह ध्यान रखें कि हमें किसी एक विशेष बात के लिए या विशेष बात के बारे में ही अपनी ज़िन्दगी का लक्ष्य नहीं बनाना है। हमें अपना लक्ष्य संपूर्ण ज़िन्दगी के बारे में बनाना है। अतः जब आप ज़िन्दगी के लक्ष्य की बात सोच रहे हों, तो सोचें कि हमें लक्ष्य बनाना होगा अपनी पढ़ाई के बारे

में, अपनी उन्नति के बारे में, अपने परिवार के बारे में। दूसरी ओर, हमें लक्ष्य बनाना होगा अपनी कमाई के बारे में और उन सब कार्यों के बारे में भी जो हम सोचते हैं कि इस ज़िन्दगी में हमें पूरे करने हैं।

ज़िन्दगी के हर पहलू के बारे में जब आप अपना लक्ष्य बनाएंगे और उस लक्ष्य की पूर्ति के लिए लग जाएंगे, तो आपको सफलता की झलक दिखाई देगी। अतः जब लक्ष्य बनाने पर विचार चल रहा हो तो यह भी मानिएगा कि आपको अपनी ज़िन्दगी के सामाजिक दायित्वों और कार्यों के बारे में भी लक्ष्य बनाना पड़ेगा। जब आप लक्ष्य बनाने बैठें तो आपको अपना लक्ष्य केवल एक विचारबिन्दु पर केन्द्रित नहीं करना है, बल्कि संपूर्ण ज़िन्दगी के ऊपर निर्धारित करना है और ज़िन्दगी में अलग-अलग पहलू, अलग-अलग विषय आएंगे। अतः सबसे पहले आप अलग-अलग पहलू के लिए अपने लक्ष्य बनाने के कार्यक्रमों की रूप-रेखा तैयार करें। हमारी बात से यह निष्कर्ष निकलता है कि जब आप अपना लक्ष्य लिखेंगे तो सबसे पहले अपनी पढ़ाई-लिखाई के बारे में लक्ष्य लिखेंगे और फिर अपने परिवार के बारे में एवं अपने भावी परिवार के बारे में भी लक्ष्य लिखेंगे। इसके बाद यह लक्ष्य लिखेंगें कि आपकी ज़िन्दगी में कमाई वगैरह के क्षेत्र के क्या आयाम हैं। जब पढ़ाई के बारे में, परिवार और कमाई के बारे में भी आपने अपना लक्ष्य लिख डाला तो अब समय आ गया कि सामाजिक, राजनैतिक एवं अन्य पहलुओं पर भी आपकी ज़िन्दगी का जो भी लक्ष्य है, उसे भी लिख डालें।

यह बात तो निश्चित रूप से मानिए कि ज़िन्दगी के सभी पहलुओं पर अगर आप अपना लक्ष्य लिखेंगे, तभी आपका सर्वांगीण विकास होगा और आपका जीवन सफल बन पाएगा। अतः जब कभी भी लक्ष्य की चर्चा हो, तो उस समय कोई एक विचारबिन्दु पर अपने लक्ष्य को ताककर नहीं रखें, बल्कि ज़िन्दगी के हर पहलू पर अपने लक्ष्य को निर्धारित करें। जिस प्रकार भारत के संविधान में सभी बातें स्पष्ट रूप से लिखी हुई हैं, उसी प्रकार आपका लक्ष्य निर्धारण आपकी ज़िन्दगी का संविधान ही है। सफल जीवनयापन के लिए अपने लक्ष्य को सभी पहलुओं पर केन्द्रित करें, तब जाकर आपके लक्ष्य का संविधान बन पाएगा और यह लक्ष्य का संविधान ही आपको ज़िन्दगी के हर मोड़ पर सलाह देगा, मदद करेगा, चिंतन की प्रेरणा देगा और कार्य करने की क्षमता देगा।

मुझे एक सच्ची घटना याद आ रही है, जो फर्रूखाबाद की एक लड़की की है जिसने 18 वर्ष की उम्र में ग्रेजुएशन किया और फिर उसकी शादी हो

गई। पाठक सोच रहे होंगे – इसमें कौन-सी खास बात है। पृष्ठभूमि में आम बात है, परंतु खास बात यह है कि शादी के बाद ही वह लड़की अपने पति के साथ अमेरिका चली गई। अमेरिका में उस लड़की को वहां की बोल-चाल, भाषा समझने में बड़ी परेशानी हुई। उनकी नई-नई शादी हुई थी, पति ने उससे पूछा, तुम्हें क्या चाहिए, क्या है तुम्हारी इच्छा? उस लड़की ने जवाब दिया कि मुझे केवल पढ़ाई करनी है। पति ने अपनी पत्नी से कहा, ठीक है, तुम पढ़ो, जितना चाहती हो पढ़ो, मुझे कोई परेशानी नहीं। अगर वह लड़की भारत में रहती तो शायद कॉलेज अथवा यूनिवर्सिटी में जाकर एम.ए, एम.कॉम. या एम. बी.ए. की पढ़ाई कर लेती, परंतु शादी के तुरंत बाद भारत से सीधे चलकर जब वह अमेरिका पहुंच गई, तो पढ़ाई भी उसे अमेरिका में ही करनी थी। पति के प्रोत्साहन से वह महिला अमेरिका की एक यूनिवर्सिटी में दाखिला लेने के लिए पहुंची, किन्तु जब यूनिवर्सिटी ने इस महिला से बातचीत की तो उन्हें ऐसा लगा कि यह महिला कम उम्र के कारण अमेरिका की पढ़ाई नहीं समझ पाएगी। अतः उन्होंने उस महिला को ग्रेजुएशन से नीचे वाली क्लास में भर्ती होने के लिए कह दिया, पर आखिर वह महिला अपनी जिद पर अड़ी रही कि मैंने भारत से ग्रेजुएशन किया है तो ऐसी अवस्था में मैं उससे आगे की ऊंची पढ़ाई करूंगी, न कि नीचे की क्लास में जाऊं।

सच बात तो यह है कि अमेरिका में ज्यादातर व्यक्ति 18 साल की उम्र तक ग्रेजुएशन नहीं कर पाते। वे उससे दो साल नीचे की क्लास पर ही रह जाते हैं। अतः अमेरिकी यूनिवर्सिटी के लोगों ने जो विचार रखे, वे थे तो सत्य, परन्तु इधर महिला भी जिद पर अड़ी रही। उसने ग्रेजुएशन से नीचे की क्लास में जाने की उनकी बात स्वीकार नहीं की। हारकर यूनिवर्सिटी वालों ने कहा कि सबसे पहले आप दो दिन बडी़ क्लास जिसमें आपको भर्ती होना है, उसमें बैठो और देखो कि आपको कैसा लगता है। वह महिला खुश हो गई कि चलो, अब तो लगता है यूनिर्वसिटी में एडमिशन हो जाएगा। उसने नई क्लास में स्थान ग्रहण किया। वह दो दिन तक लगातार क्लास में जाती रही और दो दिन तक कक्षा में जाने के पश्चात् शाम को उसे जबरदस्त रोना आया। रोने का कारण यह था कि वह महिला भारत से ग्रेजुएट तो हो चुकी थी, किन्तु जो दो दिन उस महिला ने बड़ी क्लास में बिताए, वहां उसे एक शब्द भी समझ में नहीं आया। ऐसे में वह क्या करे, उसके सामने यह प्रश्न था, परंतु उस महिला ने अपनी ज़िन्दगी का लक्ष्य बना लिया कि मुझे बड़ी क्लास में ही पढ़ाई करनी है और वह भी

अमेरिका में ही रहकर। अब सबसे पहले उसने अपना लक्ष्य निर्धारित किया और उसे पाने के लिए कमर कस ली।

वह महिला अमेरिकी लोगों की अंग्रेजी बिल्कुल नही समझती थी। उसने अगले दिन से ही टी.वी. देखना प्रारंभ कर दिया। घंटे या दो घंटे नहीं, बल्कि रोज आठ घंटे तक वह टी.वी. के सामने चिपकी रहती और टी.वी. को देखकर, सुनकर अमेरिकी अंग्रेजी को ग्रहण करने लगी। अंततः वह इस योग्य हुई कि उसका दाखिला अमेरिकी यूनिवर्सिटी में हुआ और बड़ी सफलता के साथ उसने अमेरिकी यूनिवर्सिटी से बड़े अच्छे मार्क्स के साथ कई डिग्रियां प्राप्त कीं।

यह मेरा सौभाग्य था कि जनवरी, 2011 में मैं उस महिला से मिला और उसकी ही जुबानी ये बातें मुझे ज्ञात हुईं। बात यहीं समाप्त नहीं होती है। खुशी की बात तो यह है कि वह महिला जो भारत से गई थी, जिसे अमेरिका में अंग्रेजी भी समझ में नहीं आती थी, परंतु अपने लक्ष्य के प्रति जागरूक रहने की वजह से आज वही महिला यूनिवर्सिटी ऑफ ह्यूस्टन की चांसलर और प्रेसीडेंट है। उसका नाम है रेणु खटोर।

मेरे पाठकों को इस सच्ची घटना के बारे में जानकर प्रेरणा मिलेगी कि अगर आप भी अपनी ज़िन्दगी के लक्ष्य लिख डालें और उनकी प्राप्ति के लिए लगे रहें तो आपका लक्ष्य निश्चित रूप से सफल होगा। भारत के लिए यह वास्तव में बड़े गर्व की बात है कि भारत की रहने वाली एक महिला इस विश्वविख्यात यूनिवर्सिटी की चांसलर है जिसे आज भारत के प्रधानमंत्री ने शिक्षा के क्षेत्र में जो कमेटी गठित की गई है, उसमें उन्हें स्थान देते हैं और वे भारत में शिक्षा के नये आयाम के बारे में प्रधानमंत्री से चर्चा करती हैं। सारा खेल केवल ज़िन्दगी के लक्ष्य के निर्धारण का है। अतः अपनी ज़िन्दगी के हर मोड़ पर अपने लक्ष्य को बनाने के लिए सजग रहें, तभी आपका जीवन सफल हो पाएगा।

पिछले दिनों मुझे एक व्यक्ति मिला, जो हैदराबाद में रहता है। कुछ वर्ष पहले उसने लक्ष्य बनाया कि मुझे एक करोड़ रुपये कमाने हैं। वह व्यक्ति साधारण परिवार से था और उसका व्यवसाय भी छोटा था। उसने केवल पांच हजार रुपये लेकर व्यवसाय शुरू किया। अगर वह अपना लक्ष्य किसी को बताता तो शायद सभी उसकी बात पर हंस देते, किन्तु आखिर उसने अपना लक्ष्य बना लिया। लक्ष्य था करोड़पति बनने का। बड़े आश्चर्य की बात है कि अल्प अवधि में ही वह व्यक्ति वास्तव में करोड़पति बन गया।

जब मैं उससे मिला तो उसके साथियों ने बताया कि यह बात बिल्कुल सही है कि यह व्यक्ति फटेहाल था और कड़ी मेहनत और लक्ष्य निर्धारण की वजह से ही उस व्यक्ति ने करोड़ रुपये से ज्यादा कमा लिए। आज वह बड़े अच्छे ठाठ से हैदराबाद में अपने मकान में रहता है। जब मेरी मुलाकात उस व्यक्ति से हुई तो मैंने उससे पूछा कि तुम क्या करते हो? उसने बताया कि भिखारियों के साथ काम करता हूँ। एक बार तो मैं चकरा गया। मैंने सोचा, ये भिखारियों के सरदार हैं क्या, पर मन में उसे देखकर ऐसा विश्वास नहीं हुआ। मेरे मन में जानने की बड़ी उत्सुकता थी कि आखिर यह व्यक्ति भिखारियों के साथ क्या काम करता है? मुझसे रहा नहीं गया। मैंने उससे पूछा कि आखिर आप भिखारियों के साथ क्या काम करते हो, तब उस युवक ने अपनी सच्ची दास्तान बताई और कहा कि उसने सपना देखा और अपना लक्ष्य बनाया ढेर सारे पैसे कमाने का। उसी लक्ष्य की पूर्ति के लिए उसने हैदराबाद शहर की सड़क पर भीख मांगने वाले व्यक्तियों को प्रेरणा दी और उन्हें समझाया कि वे भीख मांगना छोड़ें और कुछ काम करना शुरू करें। इसी प्रक्रिया में उस व्यक्ति ने इन भिखारियों को गाड़ी पोंछने वाले कपड़े और डस्टर बेचने के लिए प्रेरित किया। आज इस प्रेरणा से हैदराबाद में 500 से अधिक व्यक्ति भीख मांगने के धंधे को छोड़कर इस व्यक्ति के द्वारा बताए गए रास्ते पर चल रहे हैं और यह व्यक्ति उन लोगों के साथ व्यापार-व्यवसाय कर कानूनी तरीके से ढेर सारे पैसे कमा रहा है । इस नवयुवक का नाम है नरेश भूतरा और ये रहते हैं - हैदराबाद में। इस सच्ची घटना का तात्पर्य सिर्फ एक ही है कि हमारे पाठकों को यह ललक लगे कि हमें ज़िन्दगी के हर पहलू पर अपना लक्ष्य बनाना है। यदि लक्ष्य बनाएंगे, तो सफल जरूर होंगे। सफल न हों, ऐसा नहीं हो सकता, ऐसी विचारधारा रखें तो निश्चित रूप से आप सफल होंगे, किन्तु पहला मुद्दा है लक्ष्य बनाने का। जब लक्ष्य बनाने की चर्चा होती है और सामाजिक, सांस्कृतिक, राजनीतिक क्षेत्र में भी अपनी पकड़ बनाने के लिए या नये आयाम स्थापित करने के लिए ही हमारा लक्ष्य हो तो यह निश्चित रूप से पूरा होगा। इस बात की सबसे बड़ी मिसाल है मदर टेरेसा। उनके जीवन का एक ही लक्ष्य था, गरीब और असहाय व्यक्ति की मदद करना और उसी लक्ष्य का पालन करते-करते वे विश्व-भर में प्रसिद्ध हो गई जिसके लिए उन्हें नोबेल पुरस्कार प्राप्त हुआ।

इसी प्रकार का एक लक्ष्य था एक डॉक्टर का। वे डॉक्टर पाकिस्तान में रहते थे, पर उन्होंने लक्ष्य निर्धारित किया कि वे पाकिस्तान और भारत में अच्छे व बड़े अस्पताल बनाएंगे। अपने लक्ष्य की तरफ लगे रहने की वजह से ही इस व्यक्ति ने

भारत और पाकिस्तान में बड़े अस्पताल बना डालें। इसी व्यक्ति के नाम से नई दिल्ली में बहुत बड़ा अस्पताल बना हुआ है जिसका नाम है सर गंगाराम अस्पताल।

दिल्ली के पास स्थित गुड़गांव में एक व्यक्ति ने लक्ष्य बनाया कि मुझे कुछ आमोद-प्रमोद का ऐसा स्थल बनाना है, जिसकी ओर सब लोग आकर्षित हों। वैसे भारत के अलग-अलग शहरों में आमोद-प्रमोद के अनेक स्थल हैं, पर इस व्यक्ति का लक्ष्य तो था कुछ ऐसा करना जो अपने आपमें अनूठा हो। फिर उस व्यक्ति ने अपने सहयोगियों के साथ मिलकर इस स्थल की स्थापना की जिसका नाम दिया गया किंगडम ऑफ ड्रीम्स। बड़े आश्चर्य की बात यह है कि किंगडम ऑफ ड्रीम्स में जाने के लिए प्रति व्यक्ति को 500 रुपये से लेकर 750 रुपये तक खर्च करने पड़ते हैं। इसके साथ ही वहीं एक और आमोद-प्रमोद का क्षेत्र है, जहां एक बड़ा शानदार कार्यक्रम प्रस्तुत किया जाता है जिसे देखने के लिए प्रति व्यक्ति को कम-से-कम 750 रुपये से लेकर 6,000 रुपये तक खर्च करने पड़ते हैं। पहली बार जब लोगों ने इस प्रकार के आमोद-प्रमोद के क्षेत्र के बारे में सुना तो लोगों को लगा कि कैसे चलेगा यह, क्योंकि इसके दाम ज्यादा महंगे हैं। उस व्यक्ति का लक्ष्य था कि वह ऐसा आमोद-प्रमोद का स्थल बनाये, जो वास्तव में खूब तरक्की करे। बड़ी खुशी की बात है कि वह आमोद-प्रमोद का क्षेत्र आज वास्तव में बहुत शानदार तरीके से तरक्की कर रहा है और लोगों को आमोद-प्रमोद प्रदान कर रहा है। लंदन आई के नाम से विख्यात लंदन में आमोद-प्रमोद का स्थल है, इसी तरह का दिल्ली आई के नाम से आमोद-प्रमोद का स्थल दिल्ली में स्थापित किया गया। यह सब संभव हुआ केवल ऐसे व्यक्तियों की उस नजर से, जो उन्होंने लिखा था अपने लक्ष्य के बारे में। अतः आप सभी तरह की बातों के प्रति अपनी ज़िन्दगी का लक्ष्य बनाए, तब जाकर आपको निश्चित सफलता मिलेगी। इस बात का हमेशा ध्यान रहे कि आपकी अपनी ज़िन्दगी सुनहरे लम्हों की रोशनी होती है। अतः शानदार तरीके से सुनहरा जीवन जीने के लिए अपने लक्ष्य आज ही बना लें, फिर आप ज़िन्दगी को निश्चित रूप से बड़ा आनन्दमय पाएंगे, आपको संतुष्टि भी मिलेगी। इस बात का जरूर ध्यान रहे कि इसके लिए किस्मत की जरूरत नहीं है। हां, अगर आपके इरादे बुलंद हों, कड़ी मेहनत, सच्ची लगन हो और आप अपनी ज़िन्दगी का लक्ष्य बना लें तो फिर आप क्या कुछ नहीं कर सकते।

हम अपने पाठकों को बार-बार यह बताना चाहेंगे कि जब हम बात करते हैं लक्ष्य की तो समझें कि ज़िन्दगी के हर लक्ष्य की बात कर रहे हैं। अतः

ज़िन्दगी के हर मोड़ पर आपका लक्ष्य क्या है! इस बारे में विस्तृत लक्ष्य जब आप बनाएंगे, तब आपकी ज़िन्दगी सफल कहलाएगी। स्वामी प्रभुपाद जी का उदाहरण लेते हैं। बड़ी उम्र के बाद भी उन्होंने अपने गुरु की आज्ञा को पूरा करने के लिए ज़िन्दगी का एकमात्र लक्ष्य बनाया और वह लक्ष्य था कृष्ण भगवान के बारे में विश्व में प्रचार-प्रसार करना। ढलती हुई उम्र में भी उन्होंने इस कार्य का बीड़ा अपने हाथ में ले लिया और लग गए तन-मन से एक लक्ष्य, एक काम के पीछे और आखिर उन्होंने उसे हासिल कर दिखाया। इस प्रकार विश्व-भर में हरे राम, हरे कृष्ण के मंदिरों की स्थापना हुई और इनके नाम से एक संस्थान भी बना जिसे ईस्कॉन नाम दिया गया। इसी तरह की बात स्वामी विवेकानन्द और स्वामी रामकृष्ण की भी है। इन महानुभावों ने अपनी ज़िन्दगी में एक लक्ष्य बनाया, जो आध्यात्मिकता का प्रचार-प्रसार करना था। अन्ततः उन्होंने इस लक्ष्य की प्राप्ति की।

जब हम लक्ष्य की बात करते हैं तो साधारणतः यह देखा जाता है कि जो लोग लक्ष्य बनाना चाहते हैं, किन्तु ज़िन्दगी में लक्ष्य को पूरा नहीं कर पाते, वे इधर-उधर के बहाने खोजते रहते हैं, ताकि अपने दिल को समझा सकें कि इन कारणों से या प्रतिकूल परिस्थितियों की वजह से वे अपना लक्ष्य पाने में सफल नहीं हुए हैं। सच तो यह है कि अगर आपने अपना लक्ष्य बना लिया तो चाहे कितनी भी बाधायें आएं और प्रतिकूल परिस्थितियां हों, परंतु आपका लक्ष्य तभी पूरा होगा, जब सच्ची लगन और आस्था के साथ आपने अपना लक्ष्य बनाया होगा।

आज मुझे मेरे पिता जी की बातें याद आ रही हैं। वे गरीबी में पले थे, पढ़ाई का वातावरण नहीं था, फिर भी उन्होंने अपनी ज़िन्दगी का लक्ष्य बना लिया था कि वे अव्वल नम्बर से पढ़ाई में उत्तीर्ण होंगे। अपने लक्ष्य के पीछे वे डटकर लगे रहे, तभी उन्होंने एम.कॉम. एवं एल.एल.बी. की परीक्षाओं में संपूर्ण यूनिवर्सिटी में प्रथम स्थान पाया। यही नहीं, उन्होंने आई.आर.एस. की संपूर्ण भारत की परीक्षा में भी प्रथम स्थान पाया। पिताजी के लक्ष्य तय करने और उसके बाद लक्ष्य को पूरा करने की कहानी हम स्वयं अनुभव कर रहे हैं। उससे ही मुझे प्रेरणा मिली है कि मैं भी अपने पाठकों से लक्ष्य के बारे में चर्चा करूं। इसी प्रकार कुछ वर्ष पूर्व मेरे पिताजी श्री रामनिवास लखोटिया जी ने यह लक्ष्य बनाया कि उन्हें लाखों लोगों के समक्ष शाकाहार का प्रचार-प्रसार करना है और वे लग गए अपने लक्ष्य की पूर्ति में। अपने लक्ष्य की पूर्ति के लिए उन्होंने सैकड़ों स्कूलों, कॉलेजों एवं संस्थाओं में जाकर

नि:शुल्क शाकाहार संबंधी व्याख्यान दिए और शाकाहार के प्रचार-प्रसार में अपना योगदान दिया। मेरे पिताजी ने एक और सपना देखा था कि वे आयकर कानून पर सबसे ज्यादा पुस्तकें लिखने वाले लेखक बनें। घर में कोई वातावरण नहीं था, जिससे वे लेखक बनने की प्रक्रिया में अग्रसर हो सकें, परंतु यह उनका लक्ष्य था। उन्होंने यह लक्ष्य पूरा किया केवल सोच-विचार से और उस विचार के पीछे थी समर्पित भाव से कार्य करने की लगन।

जिन्दगी के हर मोड़ पर अगर आप लक्ष्य तय कर लेते हैं तो निश्चित रूप से ज़िन्दगी में सफलता हासिल करेंगे, लेकिन यह सफलता अलग-अलग पायदानों पर बैठी हुई है। सवाल यह है कि आप कौन-सी सफलता किस समय हासिल करना चाहते हैं। अत: दोस्तो! ज़िन्दगी की ढेर सारी सफलताओं को प्राप्त करने के लिए आपका एक ही उद्‌देश्य होना चाहिए और वह है ज़िन्दगी के लक्ष्य का निर्धारण।

मुझे करीब-करीब 35-40 वर्ष पुरानी बात याद आ रही है, जब कोलकाता में हम मात्र 600 रुपये महीने के किराए के मकान में रहते थे। उस समय मेरी माता स्व. श्रीमती आशा रानी लखोटिया ने ज़िन्दगी का एक लक्ष्य रखा कि अब हम किराए के मकान को छोड़कर केवल अपने ही मकान में जाएंगे। लक्ष्य अच्छा था, सच्चा था और पक्का भी, किन्तु उस लक्ष्य को पूरा करने में ढेर सारी परेशानियाँ थीं। आखिर कहां से आएंगे पैसे, कितने पैसे लगेंगे, कैसे बना पाएंगे हम अपना मकान, ये सारी बातें लक्ष्य से निकली हुई चिंगारी के पीछे भाग रही थीं। जब मेरी माता ने सपना देख लिया और अपना लक्ष्य बना लिया तो 1975 में उन्होंने अपने मकान में प्रवेश किया। इसी तरह का एक सपना मेरी माता ने आज से करीब-करीब 50 वर्ष पूर्व देखा था, जब अजमेर में हमारा पुश्तैनी मकान था। किन्हीं कारणवश वह छोटा-सा मकान बिक गया। उस समय माता ने लक्ष्य रखा कि वे अजमेर तभी जाएंगी, जब अपना मकान हो जाएगा। उस लक्ष्य को पूरा करने के लिए खड़े रहकर माता ने भव्य 'आशा निवास' मकान अजमेर में बनाया। जिस समय मकान बना था, उस समय हम लोग कोलकाता में रहते थे और बात है करीब-करीब 45 वर्ष पूर्व की। निश्चित रूप से मैं काफी छोटा था और पिताजी अपने काम-धंधे में व्यस्त थे। माताजी ने अपने लक्ष्य को पूरा करने के लिए बड़े परिश्रम से 1965 में उस भव्य मकान का निर्माण करवाया। मेरे ख्याल से अपने घर में ही लक्ष्य प्राप्ति के कुछ महत्त्वपूर्ण उदाहरणों को सुनकर, देखकर और समझकर ही मुझे प्रेरणा मिली है कि मैं अपने पाठकों से लक्ष्य की उपयोगिता पर कुछ चर्चा करूं।

भारत के विश्वप्रसिद्ध गायक चाहे मुहम्मद रफी की बात हो या लता मंगेशकर की, इन दोनों गायकों ने भी जब अपनी ज़िन्दगी अपना लक्ष्य बनाया तो उस लक्ष्य को पूरा भी किया। इसी प्रकार आज के प्रसिद्ध संगीतज्ञ ए.आर. रहमान ने अपनी ज़िन्दगी का लक्ष्य बनाया और सोचा कि देश में ही नहीं, बल्कि विदेश में भी धूम मचानी चाहिए जिसमें वे सफल रहे। आज वे देश ही नहीं, बल्कि विदेश में भी जबरदस्त धूम मचा रहे हैं और अपना लक्ष्य पूरा करते हुए सम्मान पा रहे हैं।

प्रत्येक व्यक्ति को ज़िन्दगी के हरेक पड़ाव पर अपना लक्ष्य बनाना ही चाहिए। वर्तमान समय में मैं भारत की लब्धप्रतिष्ठित कंपनियों में रिटायरमेंट प्लानिंग विषय पर गोष्ठियां करता हूँ। इन गोष्ठियों के दौरान जब मैं बड़े-बड़े ओहदों पर कार्यरत वेतनभोगी कर्मचारियों से, जो शीघ्र रिटायर होने वाले हैं, अनुरोध करता हूँ कि वे कम-से-कम ज़िन्दगी के इस पड़ाव पर आकर अपनी ज़िन्दगी का लक्ष्य बनायें तो पहले उन्हें यह अजीब-सी बात लगती है। वे सोचते हैं कि हम नौकरी से रिटायर हो रहे हैं और इस उम्र में हम क्या लक्ष्य बनाएंगे। दोस्तो! शाम तक जब मेरा सेमिनार समापन की तरफ चल रहा होता है, तब मुझे बड़ी खुशी होती है कि सेमिनार में भाग लेने वाले सभी व्यक्ति इस बात पर सहमत हो जाते हैं कि उन्हें इस मुकाम पर आने के बाद भी अपनी ज़िन्दगी का लक्ष्य बनाना जरूरी है। अतः आपकी चाहे कोई भी उम्र हो, उम्र की परवाह न करें और हमेशा अपनी ज़िन्दगी का लक्ष्य बनाने में अपनी पैनी नजर का इस्तेमाल करें।

मुझे भूतपूर्व राष्ट्रपति श्री अब्दुल कलाम साहब से संबंधित एक घटना याद आ रही है। जब वे हैदराबाद में थे तो उन्होंने एक दिन अपनी ज़िन्दगी का एक लक्ष्य सोचा कि मैं उन लोगों की मदद के लिए कुछ काम करूंगा, जो अपने पैर में तकलीफ की वजह से तीन-तीन किलो के वजनदार लोहे के बने हुए यंत्र को लेकर चलते हैं। उनका इशारा ऐसे असहाय बच्चों के बारे में था जिनके पैर में तकलीफ होने की वजह से उनको चलने के लिए ऐसे औजार उनके पैरों में फिट कर दिए जाते थे जिनका वजन करीब-करीब तीन किलो था। तीन किलो वजन को पैरों में लेकर जब बच्चे चलते थे तो उनकी और उनके माँ-बाप की पीड़ा देखकर अब्दुल कलाम साहब का मन पिघल गया। उन्होंने सोचा कि इस बारे में कुछ करना चाहिए। अंततः उन्होंने अपने लक्ष्य की प्राप्ति कर ली, जब उन्होंने तीन किलो वजन की जगह मात्र तीन सौ ग्राम वजन वाले यंत्र को बच्चों के पैर में पहना दिया। कल्पना कीजिए, जिस समय यह कार्य संपन्न

हुआ होगा तो हमारे माननीय श्री अब्दुल कलाम साहब को कितनी अपूर्व खुशी हुई होगी। अतः आप भी आज ही अपने लक्ष्य की तरफ अग्रसर हों और आने वाली ज़िन्दगी के लुत्फ़ का इन्तजार करें।

अगर हम नजर डालें एडीसन के कार्य की तरफ तो हम पाएंगे कि वे एक लक्ष्य के पीछे चलते रहे, चलते रहे और बार-बार असफल होने के बावजूद भी परीक्षण करते रहे और तब जाकर उनकी खोज और परीक्षण अभूतपूर्व प्रगति लाए। अतः ज़िन्दगी के लक्ष्य को प्राप्त करने का जब आप बीड़ा उठाएं और उस समय कई बार पैर फिसल जाए, बार-बार भी फिसल जाए तो भी अडिग रहकर केवल लक्ष्य की प्राप्ति की तरफ अपना निशाना लगा दें, तो निश्चित रूप से फायदा मिलेगा।

प्यारे दोस्तो! इस पूरी पुस्तक में हम अपनी ज़िन्दगी के लक्ष्य के बारे में बात कर रहे हैं। हम यही चाहते हैं कि आप अपनी सम्पूर्ण ज़िन्दगी के लक्ष्य के बारे में सोचें, मनन करें और बना लें अपने लक्ष्य का परिपत्र। कई बार ऐसा भी होता है कि संपूर्ण ज़िन्दगी के लक्ष्य के बारे में न सोचकर हमें तत्काल लक्ष्य के बारे में भी सोचना पड़ता है। जब ऐसी स्थिति आए तो हमारा कर्तव्य यही होना चाहिए कि संपूर्ण दिमागी सोच को एक लक्ष्य की तरफ रखें। हम चाहें या न चाहें, तब भी कई बार ज़िन्दगी में ऐसे मोड़ आ जाते हैं, जब हमें केवल तत्काल लक्ष्य की तरफ अपना ध्यान केन्द्रित करने की जरूरत आ पड़ती है। उदाहरण के लिए, मान लीजिए कि रास्ते में कोई एक्सीडेंट हो गया तो आप तत्काल लक्ष्य बनाएंगे कि एक्सीडेंट की जगह से किस प्रकार चोटिल व्यक्ति को नजदीकी अस्पताल में ले जाया जाए और क्या किया जाए। आप इस बारे में ही अपने लक्ष्य को क्रियान्वित करेंगे। वहीं दूसरी तरफ, अगर कहीं आग लग रही हो तो ऐसे में तुरंत लक्ष्य होगा कि आग को बुझाने के कार्य में किस प्रकार तत्परता की जाए। इसी तरह अगर परिवार में कोई बड़ी बीमारी हो गई, तो उस बीमारी के दौरान हमारा लक्ष्य केवल एक ही होगा कि बीमारी का निदान कैसे हो। अतः इस बारे में अवश्य ध्यान रखें कि कई बार तत्काल लक्ष्य भी हमें ज़िन्दगी में बनाने पड़ते हैं। हमेशा ही इस बात का ध्यान रखें कि जब लक्ष्य की बात करें तो केवल लक्ष्य पर ही ध्यान केंद्रित रखें और जब तत्काल लक्ष्य की जरूरत पड़े तो उस समय केवल तत्काल लक्ष्य के बारे में ही चिन्तन, मनन और अनुभव करें।

3

मौन का जादू और आपका लक्ष्य

'मौन सर्वोत्तम भाषण है। अगर बोलना है तो कम-से-कम बोलो। एक शब्द से काम चले तो दो नहीं। यह लक्ष्य की सफलता का अचूक मंत्र है।'

–महात्मा गांधी

जब आप लक्ष्य बनाने की उपयोगिता समझ ही गए हैं तो अब हम चलते हैं उस सीढ़ी की तरफ, जो हमारे लक्ष्य को अच्छी तरह सजा-संवारकर रख देगी। इस बात से आप भली-भांति विदित हो चुके हैं कि ज़िन्दगी के लक्ष्य की तरफ ही हम अगर नजर रखेंगे, तभी हमारा मानव जीवन सार्थक होगा। इसी कड़ी में अपने लक्ष्य को एकाग्रचित्त बनाने के लिए एक और नुस्खा है, उसका नाम है मौन। अगर आप अपने लक्ष्य को बनाने, संवारने और लिखने में कठिनाई महसूस करते हों तो 24 घंटे का मौन धारण कर लीजिए। ध्यान रहे कि आपके मौन प्रारंभ करने का एकमात्र उद्देश्य है अपनी ज़िन्दगी के लक्ष्य वाले परिपत्र को बनाना और फिर संपूर्ण ज़िन्दगी उस परिपत्र पर लिखे हुए मुद्दों को साकार करने में लगा देना। अगर आप ऐसी सोच रखेंगे, तो निश्चित रूप से आप 24 घंटे के मौन से अपनी ज़िन्दगी के लक्ष्य को पाने में पूर्णतः सफल हो जाएंगे और आप पायेंगे एक ऐसा अभूतपूर्व लक्ष्य संदेश जिसे रोजमर्रा की ज़िन्दगी में अगर आप बैठे रहते तो नहीं बना सकते थे।

मुझे जादू-टोने पर एकदम विश्वास नहीं, फिर भी मैं जादू की बात करना चाहता हूं। यह बात है मौन के जादू की, जो मैंने अनुभव किया और मेरा

विश्वास है कि प्रत्येक पाठक मौन के जादू का लाभ एवं आनन्द ले पाएगा। मौन से जो लाभ हैं, उनके बारे में हमारे शास्त्र गवाह हैं, परन्तु सच्चा लाभ लेना हो और अगर मौन के जादू की अनुभूति करनी हो तो आपको आज ही से 24 घन्टे का मौन कार्यक्रम आरम्भ कर देना चाहिए। मौन सहज है, सरल है और असंख्य लाभ देने वाला है। जिस अवस्था एवं जिस परिवेश में हो, उसी अवस्था में आप 24 घन्टे की मौन यात्रा प्रारम्भ कर सकते हैं। जीवन की वास्तविक दृष्टि को ध्यान में रखते हुए एक व्यक्ति के लिये 24 घन्टे का मौन उत्तम रहेगा। आप दिन में किसी भी समय मौन कार्यक्रम प्रारम्भ करके 24 घन्टे के पश्चात् इस मौन को तोड़ सकते हैं, तब आप स्वयं यह महसूस कर पाएंगे कि मौन का जादू क्या है। मौन के लिए आपको किसी अलग एकान्त स्थान पर जाने की जरूरत नहीं है। आप घर एवं दफ्तर के दैनिक कार्य का निर्वाह करते हुए मौन यज्ञ प्रारम्भ कर सकते हैं अर्थात् मौन के दौरान आप दैनिक दिनचर्या के वे सभी घरेलू एवं कार्यालय के कार्य कर सकते हैं, जो आप रोज करते हैं। मौन के दौरान आपको केवल वाणी को ही विराम देना है। अतः आप इस 24 घन्टे के मौन के दौरान किसी से भी बात नहीं कर पाएंगे और न ही फोन पर वार्तालाप कर पाएंगे, परन्तु बाकी कार्य करते रहें। जिन व्यक्तियों को घर एवं दफ्तर का कार्य करने के दौरान मौन रखने में समस्या महसूस होती है, वे लोग शहर के बाहर धार्मिक स्थल अथवा अन्य बाहरी स्थल पर मौन का प्रयोग करें। मौन के जादू भरे प्रभाव के कारण अब तो कई जगह सामूहिक मौन के शिविर भी लगने शुरू हो गए हैं।

राष्ट्रपिता महात्मा गांधी तो मौन के जादू से इतने ज्यादा प्रभावित थे कि वे प्रति सप्ताह सोमवार को मौन रखते थे, इसीलिये सोमवार को उनके आश्रमवासी मौनवार भी कहते थे। आपको जो दिन सुविधाजनक लगे, उसी दिन 24 घन्टे का मौन प्रारम्भ करें और चेष्टा करें कि महीने में आप कम-से-कम एक दिन मौन अवश्य रखें। मौन जादू है, इस बारे में मेरी असीम आस्था पहले से ही थी, परन्तु अनुभव कभी नहीं किया। प्रभु कृपा से 2 मई, 2002 को पहली बार 10.45 पर मैंने 24 घन्टे का मौन प्रारम्भ किया और 3 मई, 2002 को ठीक 10.45 पर यह मौन तोड़ा, तब मुझे मौन के जादू का अनुभव हुआ। मौन के दौरान मैं अपने कार्यालय एवं घर में कार्य करता रहा। शुरू के 15 मिनट तो लगा मौन के 24 घन्टे कैसे बीतेंगे, परन्तु बाद में किसी भी प्रकार की परेशानी नहीं हुई, बल्कि अच्छे आध्यात्मिक अनुभव हुए, तब मुझे लगा की वास्तव में मौन

जादू है। परिवार के सदस्य एवं ईष्ट मित्रों का सहयाोग हो अथवा न हो तो भी आप अपने आनन्द के लिए 24 घन्टे के मौन के जादू का अनुभव करें।

मौन के दौरान मुझे इस सत्य का आभास हुआ कि हे मनुष्य! तुम्हारे बिना भी दुनिया चलेगी। जैसे आज मौन के दौरान चल रही है। ऐसी भावना मन में आने से प्रत्येक व्यक्ति अपने घमण्ड एवं अहम को लगाम लगा सकेगा। मौन के दौरान असीम मानसिक शांति प्राप्त होगी, सम्पूर्ण शरीर की उत्तेजना चली जाएगी और बिना किसी दवा के पूरे शरीर का शिथिलीकरण हो जाएगा, जिससे रात्रि को बड़ी अच्छी नींद आएगी। आपकी शक्ति बचेगी, उत्साह बढ़ेगा, कार्य करते रहने पर भी आपको कम थकान महसूस होगी और आपकी कार्यक्षमता बढ़ेगी। हां, मौन के दौरान बहुत ज्यादा एवं बार-बार कागज पर लिखकर अपनी बात बताने की प्रक्रिया को जरा कम रखें। केवल जब बहुत जरूरी हो, तभी किसी व्यक्ति को कागज पर लिखकर निर्देश दें। मौन प्रारम्भ के 12 घन्टे पश्चात् आप स्वयं अनुभव करेंगे कि पेट में कोमलता आ गई है। सवेरे उठने पर आपको बहुत प्रफुल्लता होगी और मौन की वजह से सम्पूर्ण शरीर हल्का लगेगा।

मौन से शरीर एवं मस्तिष्क दोनों को ही आराम मिलेगा। अगर आपको गुस्सा आता है तो गुस्से की गति कम हो जाएगी। अगर आप ऐसे व्यक्ति हैं, जो कारोबार में संलग्न हैं तो मौन से आपके कार्य की दक्षता बढ़ेगी। मौन के दौरान अपने चिंतन को कारोबार बढ़ाने के बारे में लगाएं और जो कार्य बाकी है, उसका लेखा-जोखा लें। हां, थोड़ा समय तो सुबह-शाम मौन के दौरान निकाल लें जिससे आप अपनी अन्तरात्मा से बात कर सकें। ये सब बातें मैं अपने मौन के दौरान हुई अनुभूति के आधार पर लिख रहा हूं, ताकि पाठक लाभ ले सकें। मौन के जादू का प्रारम्भ एवं अंत 'ॐ' के मानसिक जप के साथ करें अथवा जो मंत्र आपको प्रिय हो, उसी से करें। मुझे तो मौन के दौरान पीली एवं हरे रंग की दिव्य रोशनी की अनुभूति हुई। मेरा पूर्ण विश्वास है कि अनेक बीमारियां मौन-पालन से चली जाएंगी, इसके लिये शोध जारी है। पाठकों से निवेदन है कि मौन के जादू का अनुभव अवश्य करें।

दोस्तो! आज ज़िन्दगी में आप मौन की उपयोगिता को समझें और अपने स्वयं के लक्ष्य को संपूर्ण रूप से एकाग्रचित्त करने के लिए 24 घंटे का मौन रखने की प्रक्रिया प्रारंभ करें। जब आप मौन रखेंगे तो निश्चित रूप से 24 घंटे बाद लिखने, छांटने, काटने और पुनः लिखने की प्रक्रिया से आपके सामने

आपकी अपनी ज़िन्दगी का लक्ष्य प्रस्तुत हो जाएगा और फिर कोई चिंता की बात ही नहीं है, तब अपनी ज़िन्दगी को, अपने लक्ष्य को पूरा करने के लिए समर्पित कर देना है। अतः आप मौन के जादू को मानें, समझें, क्रियान्वित करें और आनन्द प्राप्त करें। केवल लक्ष्य ही नहीं, वैसे ही रोजमर्रा की ज़िन्दगी में मौन को अगर प्राथमिकता दें तो आपका शुद्ध फायदा है।

4

विचारों को विराम दें

'विचारों को विराम देकर भी आप अपने लक्ष्य की तरफ सुगमता से पहुंच सकते हैं।'

पाठकों को अपनी ज़िन्दगी और अपने लक्ष्य की उपयोगिता के बारे में पता चल ही गया होगा। एक और आयाम है, जो आपको अपने लक्ष्य के द्वार पर सुगमता से पहुंचा देगा। यह आयाम है अपने लक्ष्य की प्राप्ति के लिए विचारों को विराम देना। अगर आप अपने विचारों को विराम देने की कला को सीख लें और अपनी ज़िन्दगी में अनुभव कर लें तो उसके पश्चात् ही अपने लक्ष्य के बारे में चिंतन-मनन करें, निश्चित रूप से आपका फायदा होगा।

जरा कल्पना कीजिए कि आप अपने कमरे में हों, चाहे ड्राइंगरूम, बेडरूम में हों या सोफे पर बैठे हों या जमीन पर और लिखने लगे अपने लक्ष्य के बारे में, परन्तु जहां आपने दो-चार लाइनें ही लिखी होंगी, उस समय दिमाग में अनेक प्रकार की हलचलें प्रारंभ हो गई होंगी। चाहे आपको ऑफिस का काम याद आ गया होगा या घरेलू कोई काम या क्रेडिट कार्ड के भुगतान की नजदीक आ रही तारीख की चिंता होगी या पेट्रोल गाड़ी में खत्म हो गया होगा या बच्चों की नई क्लास में कोई उलझन रही होगी। इतनी सब उलझनों के बावजूद हम अपनी ज़िन्दगी का लक्ष्य लिखने बैठें तो नहीं लिख पाएं। ऐसे में संपूर्ण विचारों को विराम देकर ही आप अपने लक्ष्य को लिखें तो सफलता मिलेगी। इस बात का निश्चित रूप से ध्यान रखें कि एक तरफ आप कागज लेकर लक्ष्य लिखने बैठ गए और दूसरी तरफ अगर आपने

अपने विचारों को विराम देकर अपने लक्ष्य को लिखने की तैयारी कर ली तो ऐसी तैयारी में लिखा गया लक्ष्य आपका वास्तविक लक्ष्य होगा, जो आपको बुलंदियों पहुंचाएगा।

आप चाहे महीने में या तीन महीने में और सम्भव नहीं हो तो छः महीने में एक बार कम-से-कम अपने विचारों को पूर्णतः विराम देने की सोचें। ऐसी सोच आपको शीघ्र ही अपने लक्ष्य की तरफ ले जाएगी। जब हम कार्य कर रहे होते हैं और लक्ष्य की प्राप्ति में सतत् लगे रहते हैं तो ऐसे में हमारे मस्तिष्क में एक समय में एक से ज्यादा विचार आते-जाते हैं। लक्ष्य को पूरा करने में ढेर सारे विचार आते-जाते रहें और कुछ हम भूल जाएं तो हम पूरी दृढ़ता के साथ अपने लक्ष्य के बारे में नहीं सोच पाते। इसलिए जरूरी है कि समय-समय पर अपने विचारों को पूर्ण रूप से विराम देने की कला अपनाएं। आपको थोड़ा आश्चर्य होगा कि मैं कैसे अपने विचारों को विराम दूं, यह कौन-सी कला है, कहां पढ़ूं, कहां सीखूं इसे और इससे लाभ होगा या नहीं। अगर आपने अपने विचारों को विराम देने की प्रक्रिया को समझ लिया, अपना लिया तो आपको असीम मानसिक शांति मिलेगी और यह आपकी स्फूर्ति का अचूक नुस्ख़ा होगा। यह विचारों को विराम देने का सीधा, सरल व खर्चा रहित कार्यक्रम है। अगर जरूरी है तो केवल आपकी अपनी सोच। वास्तव में यह विचारों को विराम देने की कला निश्चित रूप से आपके मष्तिष्क को शांति प्रदान करेगी और आपको अपने लक्ष्य के बारे में सोचने में मदद करेगी।

आप चाहे पुरुष, महिला, बालक, व्यापारी, उद्योगपति या फिर विद्यार्थी हों, सभी को आज के अशान्त वातावरण में मानसिक तनाव रहता है। जिस तरह हमारे देश में पाश्चात्य संस्कृति का प्रसार हो रहा है, इससे मानसिक तनाव दिन-प्रतिदिन ज्यादा बढ़ने लगा है। मानसिक तनाव को घटाने, मानसिक शान्ति तथा स्फूर्ति पाने के लिए अगर आप विचारों को विराम देने की कला अपना लें तो निश्चित रूप से सभी वर्ग के व्यक्ति अपने-अपने क्षेत्र में अधिक उन्नति करेंगे। इसी दृष्टिकोण को ध्यान में रखते हुए विचारों को विराम देने की कला का अभ्यास करना चाहिए। हमारे शास्त्रों में इस कला को नामयोग निद्रा अथवा ध्यान चेतन निद्रा के रूप में जाना जाता है। विचारों को विराम देने की यह कला किसी भी समय, किसी भी व्यक्ति द्वारा अपनायी जा सकती है। इस कला को आप सोते हुए अर्थात् लेटकर या बैठकर किसी भी रूप में अपना सकते हैं।

अब आइए, हम विचारों को विराम देने का अभ्यास करने के लिए तैयार हो जाएं। सबसे पहले आप आराम से लेट जाएँ और अगर बैठने की इच्छा हो तो शान्ति से बैठ जाएँ तथा अपने शरीर के अंगों को सीधा रखें। उन्हें हिलाएं-डुलाएं नहीं। सबसे पहले परम् पिता परमात्मा का ध्यान करके आधे मिनट के लिए प्रार्थना करें कि हे ईश्वर मेरा मंगल हो, मेरे परिवार का मंगल हो और साथ ही सारे विश्व की मानव जाति का मंगल हो। इस तरह का विचार करने से आपको शान्ति प्राप्त होगी। आप अपने पूरे शरीर को ढीला छोड़ दें। अब तीन बार ओम् महामन्त्र का जाप करें। जब आप ओम् मंत्र का जाप करें या उच्चारण कर रहे हों तो कृपया ध्यान रहे कि आप यह उच्चारण लेटे हुए या बैठे हुए आवाज करके या बिना आवाज करके जैसे आपकी इच्छा हो, पूर्ण रूप से समर्पित होकर धीरे -धीरे करें। इससे आपका तनाव कम हो जाएगा और मन शान्त होने लगेगा।

अब समय आ गया है, जब आप यह अनुभव करें कि आपका पूरा शरीर बहुत भारी हो गया है। अपनी चेतन शक्ति को आप पूरे शरीर की तरफ ले जाएँ या विचार करें कि हाँ मेरा शरीर अब वास्तव में भारी हो गया है। अब आप इसी चेतन शक्ति के जरिए महसूस करें कि आपका सम्पूर्ण शरीर पूर्ण हल्का हो गया है। आप शरीर के हल्केपन को महसूस करें।

अब आप किसी एक अच्छे विचार के बारे में सोचें, जो आपकी इच्छाशक्ति है या आपकी मुराद है, उस बारे में सोचें। तीन बार अपने मन की इच्छा को सोचें और तीन बार मन की इच्छा को दोहराएँ। हमारे शास्त्र में ऐसा माना जाता है कि विचारों को विराम देने की इस कला के समय अगर आप कोई विचार करते हैं तो वह विचार भगवान की असीम कृपा से अवश्य ही पूरा हो जाता है।

अब आप मन की चेतन शक्ति को शरीर के विभिन्न अंगों के पास ले जाएँ। सर्वप्रथम, आप अपने मन की चेतना को बाएँ हाथ में लेजाकर केंद्रित करें। अब आप बाएँ हाथ के अंगूठे से लेकर आगे और पीछे सभी अंगों को देखें। आपको अपनी आँखें बन्द रखनी हैं। अब आप अपने दाहिने हाथ की तरफ अपनी चेतना को ले जाएँ और दाहिने हाथ के अंगूठे से प्रारम्भ करके दाहिने हाथ के आगे और पीछे सभी अंगों पर ले जाएँ और उन्हें आँखें बन्द करके देखने की चेष्टा करें। अब आप बाएँ पैर की तरफ सम्पूर्ण चेतना को

ले जाएँ और पैर के आगे और पीछे के हिस्से के सभी अंगों को देखें। इसके पश्चात् आप दाहिने पैर की तरफ अपनी चेतना को ले जाएं और पैर के अंगूठे से लेकर सभी उंगलियों को एक-एक करके देखने की चेष्टा करें। ऐसा करते हुए आपको अपनी आँखें बन्द रखनी हैं। अब आप अपना ध्यान अपने शरीर के विभिन्न अंगों पर ले जाएँ। आप अपनी चेतना को कोहनी की तरफ, भुजा की तरफ, पीठ के बाएँ हिस्से की तरफ और पीठ के दाहिने हिस्से की तरफ ले जाएँ।

अब अपने ऊपर के होंठ व नीचे के होंठ, फिर कान, फिर नाक और आँख का ध्यान करें। आप अपनी भवों का ध्यान करें। दोनों भवों के बीच त्रिकुट का ध्यान करें। दोनों भवों के बीच त्रिकुट का ध्यान करने से मन एकाग्र हो जाता है, इसीलिए इसे कैलाश कहते हैं। अब आप अपने मस्तिष्क का ध्यान करें। आँखें बंद कर अपने शेष शरीर के विभिन्न अंगों का ध्यान करें। पूर्ण चेतना के साथ अलग-अलग अंगों का ध्यान करें। जब सब अंगों का ध्यान हो जाए तो जरा जल्दी-जल्दी सभी अंगों की तरफ चेतना को ले जाएँ और सभी अंगों का जल्दी-जल्दी ध्यान करें।

आपके सभी विचार अभी बन्द हो गए हैं। अब आप कोई भी विचार नहीं सोच पा रहे हैं। कल्पना करें कि आप अति घने जंगल में हैं। कैसा है यह जंगल, यह तो आप आंखों के सामने देख रहें हैं। आंखें बन्द हैं, पर आप कल्पना करते जाएँ कि आप एक जंगल में हैं। आप किसी को नहीं जानते और एक अनजान जगह पर हैं। आप बहुत ज्यादा डर रहे हैं। थोड़ी देर धीरे-धीरे पैदल चलने के पश्चात् आपको अचानक अपने परिवार के कुछ सदस्य दिखाई दिए और आपके चेहरे पर एकदम प्रसन्नता आ गई। आप उस प्रसन्नता या आनन्द की कल्पना करें। आंखें बन्द रहें, लेकिन सोना नहीं है। अब आप धीरे-धीरे ओम् के उच्चारण के साथ आंखें खोलें। आपके सभी विचार इस कला को अपनाकर रोक दिए गए हैं। आपके विचारों का पूर्ण विराम हो गया है।

ध्यान रखें, अगर आप विचारों को विराम देने की कला सीख लेते हैं तो आपको असीमित आनन्द, बिना क्षीण होने वाली मानसिक शान्ति, सदैव स्फूर्तिदायक शरीर और एक प्रसन्न मन की प्राप्ति होती है। यह सब आप पा सकते हैं केवल विचारों को विराम देने की कला का अभ्यास करने से।

अगर आप चाहते हैं कि इस कला का अभ्यास आप अपने निवास स्थान अथवा कार्यालय में करें तो बेहतर यह होगा कि परिवार के अन्य सदस्य अथवा दोस्त आदि से उपरोक्त कला के अभ्यास के लिए कहें और आप इस कला को अपनाएँ। ऐसा भी सम्भव है कि आप उपरोक्त विधि को जोरदार, वजनदार शब्दों में बोलकर टेपरिकॉर्डर से कैसेट में रिकॉर्ड कर लें। जब विचारों को विराम देने की आपकी इच्छा हो तो आप उस समय अपनी कैसेट को चला लें, फिर मात्र दस मिनट में आप देखें कि आपके विचार पूर्णतः आपके कब्जे में हैं और मस्तिष्क में किसी भी प्रकार का विचार नहीं आ रहा है। यह प्रणाली, यह कला, जिसे हमारे शास्त्र योगनिद्रा अथवा ध्यान चेतना निद्रा कहते हैं, प्रत्येक वर्ग के व्यक्तियों के लिए बहुत ही लाभकारी है।

5

आपके पांच सच्चे दोस्त

'मित्रता करने में धैर्य से काम लो, किंतु मित्रता कर ही लो तो उसे अचल और दृढ़ होकर निभाओ।'

–सुकरात

जब बात ज़िन्दगी के लक्ष्य बनाने की हो रही हो तो हो सकता है कि आपके मन में विचार आए कि अपनी ज़िन्दगी के लक्ष्य के बारे में संपूर्ण रूप से सोचने के लिए अपने दोस्तों को भी ले लो। ऐसे विचार कई लोगों को आते हैं और विशेष तौर पर जब आप छोटे-बड़े कई कार्य दोस्तों की सलाह मानकर करते हैं तो ऐसे में अगर ऐसा विचार भी आ जाए कि मैं अपनी ज़िन्दगी के लक्ष्य को पूर्ण रूप से लिखने के लिए अपने दोस्तों की सलाह लूं, मदद लूं, जान लूं तो कोई गलत बात नहीं है, परन्तु तकलीफ तो इस बात की है कि इस दुनिया में अच्छे व सच्चे दोस्त कितने हैं!

मेरा यह मानना है कि ऐसे धनी लोग बहुत कम हैं जिनके सच्चे व अच्छे दोस्त हैं। आपके दोस्त तो ढेर सारे हैं और उनकी परीक्षा आप उस समय करते हैं, जब आप पार्टी करते हैं, दोस्तों को फोन करते हैं, समय कम होता है तो भी बड़ी संख्या में आपके दोस्त पार्टी में आ जाते हैं और आप समझ लेते हैं कि वास्तव में मेरे दोस्तों का सर्कल बहुत बड़ा है और हमें नाज़ है अपने दोस्तों पर। चाहे आपका बर्थडे हो या बच्चों का बर्थडे, चाहे आपकी मैरिज एनिवर्सरी या आपकी तरक्की पर होने वाली पार्टी, आखिर जब भी पार्टी हो, दोस्त मंडली पार्टी में आ जाती है और पार्टी में चार चाँद लगा देती है। यह तो ज़िन्दगी की हक़ीकत है, परन्तु अभी मैं अपने लक्ष्य और अपने दोस्तों के लक्ष्य के बारे में

बात कर रहा हूँ। पिछले डेढ़ साल में मैं व्यक्तिगत रूप से करीब-करीब एक से डेढ़ लाख व्यक्तियों से भारत के अलग-अलग शहरों में मिला। चर्चाएं हुईं, वार्तालाप हुआ, उनके दिल की बातें सुनीं और अंत में मैंने सभी लोगों से एक ही प्रश्न किया कि क्या वे अपने पांच दोस्तों के नाम कागज पर लिख सकते हैं। आगे चर्चा जारी रखूं, उससे पहले मैं आपसे, अपने पाठकों से भी पूछना चाहूंगा कि क्या आप अपने पांच दोस्तों के नाम सादे कागज पर लिख सकते हैं। आपका उत्तर निश्चित रूप से हाँ होगा, क्योंकि आपको भी अन्य लोगों की तरह ही अपने दोस्तों पर विश्वास है और नाज़ भी। ऐसे में आप सोच रहे होंगे कि मैं भी तुरंत अपने पांच दोस्तों के नाम लिखकर लेखक के पास भेज दूं।

जरा रुकिए साहब, मेरी बात पूरी होने दीजिए। जब मैं पांच दोस्तों के नाम लिखने के लिए अपने मिलने वालों को देता हूँ या अपने सेमिनारों में आने वाले लोगों को कहता हूँ तो आधे मिनट से कम समय में ही ज्यादातर अर्थात् 90-95 प्रतिशत लोगों के हाथ खड़े हो जाते हैं, यह कहने के लिए कि हमारे पास पांच दोस्तों के क्या, पचासों दोस्तों के नाम तैयार हैं। ऐसे में आप सोच रहे होंगे कि कितनी खुशी की बात है कि संपूर्ण भारत में कश्मीर से कन्याकुमारी तक सभी जगह ऐसे लोग मौजूद हैं जिन्हें नाज है अपने दोस्तों पर, जिन्हें गर्व है अपने दोस्तों पर, जिन्हें विश्वास है अपने दोस्तों पर, इसलिए वे लोग अपने दोस्तों के नाम कागज पर लिखकर देने को तैयार हैं।

मैं आपको यह भी बता दूं कि लाख-डेढ़ लाख व्यक्ति जो मुझे पिछले एक-डेढ़ वर्ष में सारे भारत में मिले, वे टी.वी. शो, सेमिनार, ट्रेन या हवाई अड्डे पर मिले, मैंने उनसे इस प्रश्न को जानने की कोशिश। जब उन्हें अपने पांच दोस्तों के नाम लिखने या बताने के लिए कहा गया जिनसे वे अपनी ज़िन्दगी की, अपने मन की सारी बातें कर सकते हैं, तो ज्यादातर व्यक्तियों के उत्तर ना थे अर्थात् ज्यादातर व्यक्तियों के पास पूरी ज़िन्दगी में पांच दोस्तों के नाम ही नहीं थे जिन्हें वे अपने दिल की बात कह सकें। अतः जब आप अपनी ज़िन्दगी में यह पाते हैं कि हमारे पास सच्चा व अच्छा दोस्त नहीं है और केवल पांच ऐसे दोस्त भी नहीं हैं तो हमें जब लक्ष्य की चर्चा करनी है तो यह मानना पड़ेगा कि हमारा अपना लक्ष्य, हमारी अपनी ज़िन्दगी और हमारी अपनी तरक्की के लिए ये पांच दोस्त काम नहीं आने वाले हैं। यह ज़िन्दगी का कड़वा सच है। अतः इस सच को मद्देनजर रखते हुए ही आपको अपनी ज़िन्दगी का लक्ष्य बनाना है।

कई बार हमारे साथी, हमारे मिलने वाले, हमारे सेमिनार में आने वाले व्यक्ति यह भी सोचते हैं और स्पष्ट रूप से कह भी देते हैं कि साहब मैं तो इतने पैसे वाला नहीं, मेरे पांच अच्छे मित्र भले ही न हो, किन्तु जो व्यक्ति अरबपति है, करोड़पति है, पैसे वाला है, उसके तो पांच क्या, पांच सौ दोस्त होंगे? ऐसे विचार सुनकर मैं मनन-चिंतन करता हूँ कि क्या ऐसे विचार सही हैं या नहीं। कई बार मेरे मन में भी यह उत्सुकता रहती है कि शायद जो पैसे वाले हैं, उन्हें दोस्तों की कमी नहीं होगी क्योंकि पैसे वालों के ढेर सारे दोस्त रहेंगे। हमारे पास जितना ज्यादा पैसा होगा, उतना ज्यादा हम दोस्तों पर खर्च कर पाएंगे और इस प्रकार हमारे सच्चे, अच्छे दोस्त ढेर सारे रहेंगे। ऐसी सोच मेरे ख्याल से आपकी भी होगी, किन्तु बड़े दुःख की बात है कि जब मैंने इन लाखों व्यक्तियों से पूछा, उनमें हजारों तो बड़े ही पैसे वाले थे। उनके बारे में मेरी भी यही धारणा थी कि ऐसे लोगों को जिनकी कमाई करोड़ों रुपये हैं, उनके लिए दोस्तों की लिस्ट बनाना कोई मुश्किल काम नहीं, कोई परेशानी की बात नहीं, लेकिन ऐसे व्यक्ति भी इस बात पर सहमत हैं कि वे अपने पांच दोस्तों के नाम नहीं ले सकते जिनसे वे सब बातें कर सकते हैं और यह बात केवल पुरुष ही नहीं, बल्कि महिलाओं के लिए भी लागू है। महिलाएं चाहे किसी पार्टी की सदस्य हों, एक नहीं बल्कि एक से अनेक किटी पार्टी में जाने वाली महिलाओं से भी जब विस्तृत रूप से चर्चा हुई, तब उन्होंने भीगी आँखों से यही बात दोहराई कि वे पांच सहेलियों के या दोस्तों के नाम नहीं लिख पा रही हैं। यह ज़िन्दगी की कड़वी सच्चाई है और समय आने पर ही आप इस बात को महसूस और अनुभूत कर पाएंगे।

अब सवाल यह है कि इस बात से, इस हकीकत से हम क्या शिक्षा लें। शिक्षा लेने की बात तो यही है कि जब अपनी ज़िन्दगी में आप अपने पांच दोस्तों के नाम भी नहीं लिख सकते जिन्हें दिल की सारी बात बता सकें, तो ऐसे में अपनी ज़िन्दगी के लक्ष्य के बारे में और लक्ष्य के निर्धारण के बारे में आप किस दोस्त से चर्चा करेंगे। निष्कर्ष यही निकलता है कि दोस्तों की दुनिया को आमोद-प्रमोद तक सीमित रहने दो। यदि केवल ज़िन्दगी के लक्ष्य के बारे में चर्चा कर रहे हो तो ऐसे में केवल अपने विचार को, अपनी बुद्धि को, अपने मन को काम में लगाओ और लिख डालो अपने लक्ष्य को।

मेरा तो यही मानना है कि अपने स्वयं के लक्ष्य को दोस्तों में चर्चा करने से कोई ज्यादा लाभ नहीं होने वाला है। हाँ, यदि आपको एक या दो भी सच्चे,

अच्छे वास्तविक दोस्त अपनी ज़िन्दगी में मिल जाएं, तब आप उनसे अपने लक्ष्य के बारे में चर्चा कर सकते हैं। बहुधा जब लक्ष्य की बात होती है और इस बारे में मित्र-मंडली में चर्चा करना चाहते हैं तो आप कई बार मित्रों के अट्टाहस का निशाना बन सकते हैं। अतः बेहतर यह होगा कि अपने मस्तिष्क को लेकर अपने हालात को देखते हुए और अपनी तीव्र इच्छा को मद्देनजर रखते हुए ही अपने लक्ष्य का निर्धारण करें, तभी आप सफलता पाएंगे। उपरोक्त बात जो हमने दोस्तों के बारे में लिखी, हो सकता है कुछ पाठकों को रास न आए। मेरी बात से वे सहमत नहीं हों और विशेष तौर से ऐसे व्यक्ति जो दोस्तों पर फिदा हैं क्योंकि उनको लगता है कि उनके दोस्त उन पर जान देने को तैयार हैं। वे अनुभव करते हैं कि जब अल्प समय में ही दोस्तों को पुकार देते हैं, एसएमएस के जरिए एक छोटा-सा आमंत्रण भेज देते हैं कि मेरे दोस्त रात्रिभोज पर आना, तो दोस्त फटाफट आ जाते हैं। ऐसे में आप अनुभव करने लग जाते हैं कि वाह! मेरे पास समय कम था, मैंने फोन भी नहीं किया, केवल एसएमएस भेजा कि आज रात्रिभोज पर इस होटल में आ जाओ और तुम चले आए। भई वाह! मेरे दोस्तों की मिसाल ही कुछ और है। ऐसे विचार आपके मन में आते होंगे, आप ऐसी बात अनुभव करते होंगे। यही नहीं, कुछ ऐसे लोग भी हैं जो दोस्तों को निमंत्रण देते हैं। मान लीजिए, उन्होंने 20 लोगों को एसएमएस के जरिए निमंत्रण भेजा कि आज रात्रि में 8 बजे अमुक होटल में ड्रिंक और डांस की पार्टी है, आप आना जरूर। आपने यह निमंत्रण 20 दोस्तों को भेजा और सोचा कि शायद कम समय देने के बावजूद भी 15-16 दोस्त तो आ ही जाएंगे और जब आप रात्रि के समय होटल में पहुंच जाते हैं, जहां ड्रिंक और डांस का कार्यक्रम होना है तो आप पाते हैं कि 20 दोस्तों के बजाय वहां पर 25 या 30 दोस्त आ गए।

आपको आश्चर्य हो रहा होगा और मन-ही-मन खुशी भी होगी कि वाह! मेरे दोस्तों का सर्कल बहुत बड़ा है। आप मन में सोच रहे होंगे, देखो मैंने 20 लोगों को आमंत्रित किया पर आ गए 30 व्यक्ति और कुछ दोस्त तो यह भी कह रहे हैं कि अरे यार, तुमने आज का निमंत्रण पत्र मुझे नहीं भेजा, पर मुझे पता चल गया दूसरे दोस्त से तो मैं आ गया ... कोई तकल्लुफ की बात तो है ही नहीं। ऐसे में आपका पार्टी में सीना फूल जाता है। आपने अनुभव तो कर ही लिया कि ये सारे दोस्त आपके आयोजन को सफल बनाने के लिए आए। सच तो यह है कि आमोद-प्रमोद, घूमने-फिरने, मौज-मस्ती आदि के लिए

दोस्तों की बारात हमेशा तैयार रहती है। ज़िन्दगी के जिस मोड़ पर आप परेशानी का सामना कर रहे हैं, उस समय सच्चे, अच्छे दोस्त कितने रह जाते हैं, यह तो समय ही बताएगा। अतः मेरा यह मानना है कि हमारी ज़िन्दगी में दोस्तों की कोई कमी नहीं और दोस्तों की दोस्ती बड़ी प्यारी लगती है, किन्तु इस समय विचार करने योग्य बात यह है कि क्या आपकी दोस्त मंडली आपकी ज़िन्दगी के लक्ष्य निर्धारण में मदद करेगी, सहयोग देगी या नहीं। इस बात का मनन करें, चिंतन करें, विचार करें और आप पाएंगे कि ज़िन्दगी में अपने लक्ष्य के निर्धारण के बारे में आपको दोस्त मंडली का कोई भी सहयोग नहीं मिलेगा।

मेरी बात अच्छी नहीं लग रही होगी, कड़वी लग रही होगी, किन्तु यह सत्य है और अनुभव वाली बात है जिसे मैंने हजारों लोगों के व्यक्तिगत अनुभव के आधार पर खरा पाया है। ऐसे में केवल एक ही बात सोचें और वह यह है कि मैं अपनी ज़िन्दगी का लक्ष्य अपने आप निर्धारित करूंगा। दोस्त मेरे लक्ष्य का निर्णय नहीं लेगें, बल्कि हो सके तो ऐसे मानव बनें कि आपके पास पांच दोस्तों की लिस्ट ही न हो, भले ही जिन्हें आप अपने दिल की बात कह सकते हों। हां, ऐसे दोस्त बनाएं जो आपको अपना समझकर अपने दिल की बात आपको कह सकें और आप सच्ची, अच्छी मदद कर सकें। अगर आप और हम इस प्रकार कामयाब बन जाएं कि हमारे दोस्त अपने पांच दोस्तों की लिस्ट बनाने में हमारी तरफ नजर डालें और हम शामिल हो जाएं दोस्तों की उस लिस्ट में जिन दोस्तों की लिस्ट बना रहे हैं, जिन पर उन्हें नाज है, जिन पर उन्हें भरोसा है कि वे दिल की बात कह सकेंगें। अतः मेरी मानो तो आप अपना लक्ष्य अपने आप बनाओ। सोचो, मनन करो, लिख डालो अपने लक्ष्य को, पुनः लिखो और फिर उसे क्रियान्वित कर दो।

6

झुंझलाहट भगाएं, लक्ष्य पाएं

'जो व्यक्ति, झुंझलाहट करता है, वास्तव में उसमें क्षमता कम होती है और प्रायः वह पराजित होता है।'

रोको अपनी झुंझलाहट को और जियो ज़िन्दगी, यही तो होना चाहिए आपका अपना लक्ष्य। बहुधा देखा जाता है कि परिवार के अन्य सदस्य के सामने कोई बात आप करते हैं तो आपकी बात झुंझलाहट भरी होती है। इसी प्रकार अपने कार्यालय में भी आप अपने साथियों से बातचीत करते हैं तो भी आप झुंझलाहट से पेश आते हैं। कृपया ध्यान रखें कि इस प्रकार की झुंझलाहट रखते हुए अगर आप अपने दैनिक कार्य करते जायेंगे तो आप ज़िन्दगी के लक्ष्य तक नहीं पहुंच पायेंगे। यह वास्तव में अनुभव की बात है कि अपने लक्ष्य को कारगर साबित करने की प्रक्रिया में आपकी झुंझलाहट एक बड़ी भारी बाधा बन सकती है। अतः बड़ी स्पष्टता से यह बात समझ लें और बैठा लें अपने मन में कि हमें ज़िन्दगी में किसी भी पल झुंझलाहट के साथ पेश नहीं आना है। अगर आप यह सोच लेंगे और गांठ बांध लेंगे इस विचार बिंदु पर तो निश्चित रूप से आपको अपने लक्ष्य के नजदीक आने में काफी ज्यादा सहुलियत होगी।

पिछले दिनों एक ऐसे व्यक्ति से मेरी मुलाकात हुई जो सवेरे ऑफिस नौ बजे रवाना हो जाता है और निश्चित रूप से जब आप ऑफिस के लिए घर से नौ बजे निकलेंगे तो भाग-दौड़ होना वाजिब ही है। इसलिए वह व्यक्ति अपने ऑफिस के लिए निकलने से पहले पूरा तनावग्रस्त हो जाता था और अपनी झुंझलाहट परिवार के अन्य लोगों पर निकालता था। यह बात हमें पता चल ही गई कि 9 बजे सवेरे ठीक उन्हें अपने कार्यालय के लिए निकलना है और वे

महाशय तो सवेरे साढ़े आठ बजे सोकर उठते थे। उसके पश्चात बड़ी हड़बड़ाहट के साथ अपने दैनिक कार्यों को समाप्त करके नाश्ते की टेबल पर 9 बजने के दस मिनट पहले बैठ जाते थे और उस समय उनकी झुंझलाहट पुनः शुरू हो जाती है। वे हर बार अपने नौकर को और अपनी पत्नी से झुंझलाहट बोलते हैं। उनकी झुंझलाहट की प्रक्रिया इतनी गहरी बढ़ गई कि वे शांति से अपना दैनिक नाश्ता भी नहीं कर सकते। डाइनिंग टेबल पर बैठने के साथ-साथ वे दो-चार झुंझलाहट भरे मंत्रों का जाप करते, छोटी-सी बात पर पत्नी पर झल्लाते और वहीं अगर टेबल पर चाय का कप अथवा प्लेट टेढ़ी रख दी या दस सेकंड की देरी अगले टोस्ट के आने में हो गई तो भी नौकर पर बरस पड़ते हैं। ऐसे में अपनी ही झुंझलाहट की वजह से उनके द्वारा नाश्ते का आनन्द लेना संभव नहीं होता, परन्तु वे इस बात को समझते ही नहीं और बहुधा वे घर में बड़बड़ाते रहते कि मेरी परवाह घर में किसी को नहीं है। मुझे सवेरे नौ बजे काम पर निकलना है, लेकिन बाकी घरवाले विशेष तौर से पत्नी और नौकर उनके अमूल्य समय की कीमत को नहीं जानते और समय पर दफ्तर जाने के लिए उनके किसी भी काम में मदद नहीं करते। यह उनका प्रतिदिन का दुखड़ा है।

अपनी झुंझलाहट की प्रक्रिया की वजह से वे नाश्ते की टेबल से पांच-सात मिनट में ही नाश्ता करके उठ जाते और चाय को पानी की तरह निगल जाते। यही नहीं, डाइनिंग टेबल पर ही बैठे-बैठे अपनी टाई लगाने की प्रक्रिया को भी अंजाम देते रहते। ऐसे में जरा आप भी सोचो कि उस झुंझलाहट की वजह से क्या वे नाश्ते का आनन्द ले पाएंगे और क्या नाश्ते में अच्छी-अच्छी खाने की परोसी हुई वस्तुओं का लुत्फ उठा पाएंगे। अब दौड़कर नाश्ते की टेबल से वे अपने कमरे में जाते और फटाफट सूट पहनने की प्रक्रिया अपनाते। उस समय भी झुंझलाहट उनके अन्दर से बाहर निकलकर आती और तब भी वे अपनी झुंझलाहट को दर्शाने में नहीं चूकते। झुंझलाते हुए रोज सवेरे दफ्तर के लिए प्रस्थान करते, ड्राइवर भी कभी बस की उपलब्धता होने की वजह से थोड़ा-सा देर कर देता तो उस पर भी आते ही अपनी झुंझलाहट निकालते। बहुधा अपनी ही झुंझलाहट की वजह से जल्दी-जल्दी में जाने की वजह से कभी तो अपना पर्स भूल जाते, कभी मोबाइल फोन भूल जाते और कभी उनका चश्मा अपने कमरे में ही रह जाता। भूलने की प्रक्रिया को भी वे सुगमता से नहीं, बल्कि झुंझलाहट के साथ ही प्रस्तुत करते। ऐसे में उन्हे अपनी ज़िन्दगी के लक्ष्य की तरफ मुड़कर भी देखना मुश्किल लगता था।

अब ऐसे लोग जब ऑफिस पहुंचते हैं तो वहां पर भी उनकी झुंझलाहट प्रारंभ हो जाती है। वे अपनी झुंझलाहट कार्यालय के अन्य कर्मचारियों के समक्ष निकालते रहते थे। सबसे पहले तो जब ऑफिस का चपरासी आया तो उस पर अपनी झुंझलाहट निकाल दी और फिर उनका झुंझलाहट निकालने का दौर पूरे दिन चलता रहता। कई बार अति आवश्यक कार्य करना वे भूल जाते और उसकी गलती या उसकी झुंझलाहट भी किसी अन्य कर्मचारी के ऊपर ही बाण जैसे शब्दों के साथ प्रस्तुत करते।

कल्पना करें कि अगर आपकी ज़िन्दगी भी उपरोक्त व्यक्ति जैसी ही हो जाए तो ज़िन्दगी में आप अपने लक्ष्य को ही भूल जाएंगे और मधुर ज़िन्दगी के आनन्द का लुत्फ़ लेना एक पुरानी बात हो जाएगी, जो आप हासिल नहीं कर पा रहे हैं। अतः मेरा नम्र निवेदन तो यही है कि आप अपनी झुंझलाहट को भगाओ और अपने लक्ष्य का आनन्द पाओ। यह बात निश्चित है कि पत्नी अथवा नौकर अथवा कार्यालय के कर्मचारी अथवा आपके अपने बॉस से कभी कहा-सुनी हो जाए तो आपको झुंझलाहट आ सकती है या कभी आप परेशान हों, चिंताग्रस्त हों, ऐसे में भी आपको झुंझलाहट आना वाजिब है, परन्तु अगर झुंझलाहट को आपनी ज़िन्दगी का एक अहम हिस्सा बना लेते हैं और पल-प्रतिपल जब देखा तब झुंझलाहट के बाणों को प्रस्तुत करने के लिए तत्पर रहते हैं तो ऐसी अवस्था में निश्चित मानें कि आप अपनी ज़िन्दगी का लक्ष्य सफलतापूर्वक बनाने में सक्षम नहीं हो सकेंगे।

अतः सभी पाठकों से यह विनम्र निवेदन है कि वे अपनी झुंझलाहट की प्रक्रिया को पूर्ण रूप से समाप्त करने की ठान लें। ऐसा करने से केवल शुद्ध लाभ उन्हीं का होगा, क्योंकि जब झुंझलाहट आपके मस्तिष्क से दूर रहेगी, तब जाकर आपका मस्तिष्क काम की बातों को गहराइयों से सोच पाएगा, मनन कर पाएगा और आप ज़िन्दगी का लुत्फ़ ले पाएंगे। ऐसा इसलिए है, क्योंकि आपको अपना लक्ष्य सफलतापूर्वक निष्पादन करने में बुलंदी मिल रही है। जो व्यक्ति झुंझलाहटग्रस्त है और प्रतिपल छोटी-बड़ी बात पर झुंझलाहट करता है, उस व्यक्ति की पाचन क्रिया पर भी प्रभाव पड़ता है। ऐसे में पाचन क्रिया खराब होती जाती है, दवाइयां भी पाचन क्रिया को ठीक नहीं कर पातीं और ज़िन्दगी के लक्ष्य को पूरा करना तो दूर, वह अपने दैनिक आचरण की वजह से भी आनन्द नहीं ले पाता है। अतः यह दृढ़ निश्चय कर लें कि आप आज ही अपनी ज़िन्दगी के लक्ष्य को पाने के लिए कम-से-कम झुंझलाहट करना

अवश्य छोड़ देंगे। अगर आपने झुंझलाहट करना बन्द कर दिया तो आपका मस्तिष्क शांत रहेगा और यह मष्तिष्क की शांति आपको मदद करेगी आपके लक्ष्य के नजदीक पहुंचने में। अतः आप झुंझलाहट भगाओ का नारा अपने दिल में बैठा लें। अपने पास एक छोटी-सी डायरी रखें और उसमें प्रतिदिन कितनी बार आपने झुंझलाहट से अपने आपको प्रस्तुत किया, उस बात को लिखना प्रारंभ कर दें। यह डायरी रोज रात को सोते समय देखें और मनन करें। आपको अपने ऐसे रवैए को देखते हुए हंसी आएगी, तो कई बार आपको स्वयं यह आभास हो जाएगा कि ऐसे व्यवहार के कारण ही आपने कई बातें जो दिन में आपको करनी थीं, उन्हें पूरा करने में सक्षम नहीं हो पाए। अतः झुंझलाहट भगाओ आंदोलन आपको हकीकत में और अपने फायदे के लिए अपनाना है।

कई व्यक्तियों को झुंझलाहट उस समय होती है, जब उनका अपना काम सफलतापूर्वक संपन्न नहीं होता। मान लो, आप किसी बड़े ऑर्डर लेने के लिए किसी व्यक्ति से मिलने गए और उस व्यक्ति से आपको ऑर्डर प्राप्त नहीं हुआ तो भी आपको झुंझलाहट हो जाती है और उस झुंझलाहट को फटाफट आप उस व्यक्ति के ऊपर निकाल देते हैं, जो आपके सामने आ जाता है। इस प्रकार के आचरण को ही आपको भगाना होगा। ऑर्डर मिला तो ठीक और नहीं मिला तो ऑर्डर प्राप्ति के लिए प्रयत्न करना है। इसी प्रकार जो काम नहीं हुआ, उसके लिए हम सतत प्रयत्न करते रहें, किन्तु झुंझलाहट के साथ अपने कार्य को संपादित करने की चेष्टा अगर हम करें तो निश्चित रूप से हमें फायदे की जगह नुकसान होगा। वह नुकसान झुंझलाहट की वजह से हो गया तो उसे पूर्ण करने में सफलता नहीं मिलेगी। आप सवेरे के नाश्ते, दोपहर के भोजन और रात्रि के भोजन से पूर्व भी अगर झुंझलाहट के साथ प्रस्तुत होंगे तो भी आपका खाना जहर बन जाएगा और आपको ढेर सारी बीमारियां लग जाएंगी। अतः अपने स्वास्थ्य और अपनी ही ज़िन्दगी के लक्ष्य को पूरा करने लिए आप कभी भी तनावग्रस्त न रहें। यह निश्चित रूप से अतिमहत्त्वपूर्ण मंत्र है, जो ज़िन्दगी में आपको अपने लक्ष्य को पूर्ण करने में सफलता दिलाएगा।

7

निरंतर प्रयास एवं अभ्यास से लक्ष्य प्राप्ति

'लक्ष्य को ही अपना जीवन-कार्य समझो। हर समय उसका चिंतन करो, उसी का स्वप्न देखो और उसी के सहारे जीवित रहो।'

–स्वामी विवेकानंद

'करत-करत अभ्यास...' यह बात तो आपने और हमने बचपन से ही सुन रखी है, किन्तु समस्या यह है कि इस बात को वास्तविक जीवन में अपनाने के लिए हम सजग नहीं होते और उसकी वजह से ही हम असफल हो जाते हैं। हमेशा इस बात का ध्यान रखें कि यदि आप निरंतर अपने लक्ष्य के प्रति अभ्यास, प्रयास करते रहेंगे तो ज़िन्दगी में आपका लक्ष्य अवश्य पूरा होगा। प्रयास एवं अभ्यास और वह भी निरंतर, यह मंत्र आपको अपने लक्ष्य की प्राप्ति में मदद करने के लिए कारगर साबित होगा।

अगर हमने अपनी ज़िन्दगी का कुछ लक्ष्य बना लिया, कुछ विचारबिंदु सोच लिए और लिख डाले कि हमको क्या पाना है, हमें क्या करना है तो उस लक्ष्य प्राप्ति के लिए हमें बार-बार प्रयास करना पड़ेगा। बार-बार अभ्यास और प्रयास करने से निश्चित रूप से आपकी ज़िन्दगी में ऐसी अवस्था आ जाएगी कि जो काम आप करना चाहते हैं और वे नहीं हुए तो वे भी बड़ी सुगमता से पूर्ण होते जाएंगे। हां, यह बात तो निश्चित ही है कि आपके अपने काम सफलतापूर्वक संपन्न हो जाएं और होते चले जाएं तो आपकी ज़िन्दगी का लक्ष्य सफलतापूर्वक संपादित हो जाता है। ऐसे में इस बात का हमेशा ध्यान रखें कि

जिस कार्य को करने में आपकी क्षमता पूर्ण रूप से निपुण नहीं है अथवा जिस कार्य में आपको इच्छानुसार फल नहीं मिल रहे हों, उस कार्य को आप रोज करते जाएं। निरंतर अभ्यास करते जाएं तो निश्चित रूप से सच्ची लगन और निरन्तर अभ्यास के कारण ही आपका कार्य संपादित होगा। इस बात में कहीं भी शक नहीं है कि जो कार्य आप करना चाहते हैं या जो उपलब्धि हासिल करना चाहते हैं, अगर वे संपादित हो जाएं तो आपको अपार आनन्द मिलता है, परन्तु इस आनन्द को पाने की प्रक्रिया को क्रियान्वित करने के लिए ही आपको सदैव प्रयास एवं अभ्यास की तरफ लगे रहना होगा।

चाहे पढ़ाई का क्षेत्र हो या आप तरक्की करना चाहते हों, अभी वर्तमान समय में आपके पास सफलता की कुंजी नहीं है, आप क्लास में प्रथम आना चाहते हैं पर आते हैं अंतिम, आपको परीक्षा में अच्छे नंबर पाने की चाह है, पर जब परिणाम आता है तो जितने नम्बर आपने पाने की आशा की थी, उसके बिल्कुल विपरीत कम नंबर आते हैं। इस प्रकार की जीवन शैली जब विद्यार्थी के जीवन में चलती है तो ज़िन्दगी में आनन्द का क्षण समाप्त होता हुआ नजर आता है, परन्तु आप यह दृढ़ प्रतिज्ञा कर लें कि मुझे अपनी परीक्षा में निश्चित रूप से सफलता ही प्राप्त करनी है और उस सफलता को पाने के लिए आप दिल से, दिमाग से, कड़ी मेहनत से, दिन-प्रतिदिन पेश आते जाएं तो मेरा मानना है कि सफलता किसी भी प्रकार आपसे दूर नहीं जा सकती। अतः अगर पढ़ाई के क्षेत्र में आपका लक्ष्य जबरदस्त सफलता का है तो जिस समय नई कक्षा का पहला दिन प्रारंभ हो, उसी दिन से निरंतर अपनी पढ़ाई का अभ्यास करते जाएं और अपनी तरक्की निश्चित मानें।

कई व्यक्तियों को यह देखा गया है कि वे परीक्षा में अव्वल नंबरों से पास होना चाहते हैं और पढ़ाई भी 12-14 घंटे करते हैं, किन्तु एक ही कमी है कि वे पढ़ाई परीक्षा के 15 दिन पूर्व से ही करते हैं और ऐसे में उनको सफलता हासिल नहीं होती। उस परीक्षा में अच्छे नम्बर से उत्तीर्ण होने का उनकी ज़िन्दगी का लक्ष्य असफल हो जाता है। ऐसे में इस बात का ध्यान रखें कि आप अपनी पढ़ाई के आयाम को प्रयास एवं अभ्यास के द्वारा दिन-प्रतिदिन क्रियान्वित करें अर्थात् पहले दिन से ही जब आपकी नई कक्षा शुरू हो, उसी दिन से मेहनत और लगन के साथ रोज पढ़ाई करते रहें तो निश्चित रूप से आपकी तरक्की होगी। अगर आपको कई बार ऐसा लगता भी हो कि मेरी समझ कम है, मैं कम समझ पाता हूँ, मैं कई घंटे पढ़ता हूँ तो भी पाठ याद नहीं होता,

मुझे वे बातें समझ में नहीं आतीं, जो पुस्तक में लिखी हैं। अगर आपकी ऐसी अवस्था है तो भी चिंता बिल्कुल न करें। आप अपने लक्ष्य की पूर्ति करने के लिए सतत् परिश्रम करते रहें, लगातार समय पर पढ़ाई करते रहें, आपको सफलता निश्चित रूप से मिलेगी।

विद्यार्थियों से तो यही एक अनुरोध है कि वे अपनी कक्षा की पढ़ाई का प्रारंभ उस दिन से करें, जिस दिन से नई कक्षा प्रारंभ हुई है। अगर आप कॉलेज में या एम.बी.ए. की पढ़ाई अथवा अन्य बड़ी पढ़ाई करने वाले व्यक्ति हैं तो यह फॉर्मूला अपने साथ रखें और लाभ पाए। फॉर्मूला यह है कि आप कक्षा के पहले दिन से ही निरंतर अध्ययन करते रहें। इस बात को निश्चित रूप से सत्य जानें कि अगर आपकी पढ़ाई की शक्ति कमजोर है, आपको लगता है कि मुझे मेरा पाठ या पुस्तक की बातें जल्दी से मेरे मष्तिष्क में नहीं आतीं तो भी आप बार-बार अध्ययन प्रतिदिन करते रहेंगे तो निश्चित रूप से आपकी विद्या ग्रहण करने की शक्ति बढ़ेगी और आपको उस मोड़ पर ले जाएगी, जहां आपका लक्ष्य प्राप्त होने का सपना है।

इसी प्रकार अगर आप नौकरी कर रहे हों और आप चाहते हैं कि मेरी तरक्की दिन-प्रतिदिन होती जाए तो निरंतर अभ्यास और प्रयास के साथ अपने कार्य को दिल लगाकर करें। ऐसे में आप बहुत जल्दी अपने लक्ष्य तक पहुंच पाएंगे और आपकी नौकरी में भी तरक्की होगी। जो व्यक्ति नौकरी कर रहे हैं, वे कई बार अपने मालिक के सामने तो फटाफट काम करते हैं और जब मालिक नहीं दिखे तो उनके दिल-दिमाग को सुस्ती घेर लेती है उनका काम चाय की चुस्की के साथ धीरे-धीरे ही होता है। इस प्रकार की विचारधारा को आप अभी से बन्द कर दें और इस बात पर लगे रहें कि मुझे चाहे मेरा मालिक देखे अथवा नहीं, अपना कार्य पूर्ण निपुणता के साथ करना है, ताकि मेरी तरक्की हो सके। ऐसे विचार जब आप मन में अपने लक्ष्य के लिए रखेंगे और निरंतर प्रयास करते रहेंगे तो निश्चित रूप से आप जहां भी नौकरी कर रहे हैं, आपको वहां फायदा अवश्य मिलेगा।

कई व्यक्ति जो अपना व्यापार एवं व्यवसाय करते हैं, वे पाते हैं कि उन पर प्रभु की कृपा अभी नहीं है, उनका समय खराब चल रहा है, उनकी कमाई अभी कम है, वे सोचते हैं कि ज्योतिष विज्ञान के हिसाब से अभी उनका समय खराब है। वे टी.वी. पर राशिफल सुनते हैं और वहां भी उन्हें पुनः निराशा ही मिलती है। ऐसा इसलिए है क्योंकि वे पाते हैं कि उनका समय अभी सही नहीं

चल रहा है। ऐसे में फायदे की जगह नुकसान तो होगा ही और जो लक्ष्य उन्होंने इस वर्ष अपने कारोबार का रखा, उसमें भी उन्हें सफलता नहीं मिलेगी। इस प्रकार के गंदे विचारों को पूर्णतः नष्ट कर दें, आपके ऐसे विचार ही आपकी ज़िन्दगी में रोड़ा बन जाते हैं और आप अपने लक्ष्य को प्राप्त करने की प्रक्रिया को भूल जाते हैं। इसके विपरीत यह सोचो कि किस प्रकार के निरंतर प्रयास, अभ्यास एवं लगन के द्वारा आप अपने व्यापार अथवा व्यवसाय को बढ़ा सकते हैं। इस बात का अवश्य ध्यान रखें कि व्यापार एवं व्यवसाय को बढ़ाने के लिए ज्योतिष विद्या की कहीं भी जरूरत नहीं है और न ही राशिफल की जरूरत है। अगर जरूरत है तो स्वयं की कड़ी मेहनत, अभ्यास और लगन की।

जीवन के किसी भी क्षेत्र में आप अपने लक्ष्य को पाना चाहते हैं तो इस बात को हमेशा ध्यान में रखें कि निरंतर प्रयास एवं अभ्यास से ही सभी बातें संभव हो सकती हैं। इस लगन, अभ्यास एवं प्रयास को अपनाते हुए ज़िन्दगी के हर मोड़ पर अगर आप कार्यरत रहेंगे तो उन्नति और सफलता को कोई नहीं रोक सकता। ज़िन्दगी में लक्ष्य पाने के लिए प्रचीनकाल से ही हर उन्नति प्राप्त करने वाला व्यक्ति केवल मेहनत, प्रयास और अभ्यास के जरिए ही अपने लक्ष्य को प्राप्त कर पाया है। यह बात पूर्णतः सत्य है और इस बात का वैज्ञानिक प्रमाण भी है। जी हां, अगर आप नजर डालें छोटे अथवा बड़े ऐसे हजारों व्यक्तियों की तरफ, जिन्होंने अपने समय में कड़ी मेहनत, अभ्यास और प्रयास करके लक्ष्य को पार किया है तो आपको भी प्रेरणा मिलेगी। आपके मन में भी यह बात बैठ जाएगी कि अगर आप भी लगन, प्रयास एवं अभ्यास को अपने ज़िन्दगी का हिस्सा बना दें तो आपको अपने लक्ष्य की प्राप्ति में कहीं भी तकलीफ नहीं होगी।

इसमें कोई भी शक नहीं है कि ज़िन्दगी में ऐसा भी मोड़ आता है, जब हम देखते हैं कि हमने प्रयास किया, अभ्यास किया, हमने लगन के साथ काम किया, फिर भी सफलता नहीं मिली। ऐसी अवस्था होने पर उस बात को अपना प्रारब्ध मानें, किन्तु अपना अभ्यास, प्रयास निरंतर जारी रखें तो निश्चित रूप से सफलता आपके कदम चूमेगी और आप अपने लक्ष्य को पाकर उसे क्रियान्वित करने के लिए सफल हो जाएंगे। इस प्रकार की विचारधारा को आप मन में हमेशा साथ रखेंगे तो निश्चित रूप से आप अपने लक्ष्य की प्राप्ति में सफल हो जाएंगे।

मुझे याद आ रही है 40 वर्ष पहले की एक बात– एक व्यक्ति जो कॉमर्स ग्रेजुएट था। उसकी इच्छा डॉक्टर बनने की हुई। आस-पड़ोस के सभी लोग उस

पर हंसने लगे और बोले कि तुमने कॉमर्स की पढ़ाई की तो तुम डॉक्टर कैसे बनोगे, किन्तु उस नवयुवक में डॉक्टर बनने की बड़ी जबरदस्त इच्छाशक्ति थी। अतः वह व्यक्ति एक सुप्रसिद्ध डॉक्टर के हॉस्पिटल में काम करने लगा। काम करते-करते केवल डॉक्टर साहब को निरंतर आँखों के ऑपरेशन करते देखकर ही वह आँखों का ऑपरेशन करना सीख गया। बाद में उस व्यक्ति ने कड़ी मेहनत के साथ डॉक्टर बनने की पढ़ाई प्रारंभ की और अंत में वह आँखों का डॉक्टर बनने का लक्ष्य पूरा कर पाया। ऐसी ही स्थिति आपकी भी है। अगर आप भी अपनी ज़िन्दगी में कुछ करना चाहते हैं और कुछ लक्ष्य आपने स्थापित कर लिए तो वे लक्ष्य निश्चित रूप से पूरे होंगे, किन्तु ध्यान इसी बात का रखना है कि जो लक्ष्य तय किया है, उसे पाने के लिए निरंतर प्रयास और अभ्यास करना पड़ेगा। ऐसा मुमकिन नहीं कि आज तक किसी भी व्यक्ति ने अपने लक्ष्य पाने के लिए अथक अभ्यास एवं प्रयास नहीं किया हो। वह अलग बात है कि कई व्यक्ति अभ्यास एवं प्रयास करते हैं, कड़ी मेहनत करते हैं किन्तु वे दिखावा नहीं करते, लोगों को नहीं बताते कि वे कितना अभ्यास कर रहे हैं और फिर सफलता पा जाते हैं। अतः इस बात को निश्चित मानें कि ज़िन्दगी में अपने लक्ष्य को पाने का कोई सस्ता, कोई सीधा-सीधा, बिना मेहनत वाला रास्ता अपनाने से काम नहीं चलने वाला। अगर अपना लक्ष्य प्राप्त करना है तो फिर कड़ी मेहनत करनी पड़ेगी और साथ-ही-साथ अथक प्रयास और समय-समय पर उसका अभ्यास भी करना पड़ेगा, तभी हम निश्चित रूप से अपना लक्ष्य पा सकेंगे। इसी के बाद हमारी ज़िन्दगी आनंदमय बन सकेगी ।

जिन लोगों का अभी कोई लक्ष्य नहीं है और वे युवा हैं तो उनके लिए मेरा एक ही सुझाव है और वह यह है कि आप जमकर पढ़ाई करें। अगर आप जमकर पढ़ाई करेंगे तो ऐसी योग्यता हासिल कर पायेंगे जो आपको उच्च से उच्चतम शिखर पर पहुंचा सकती है। इसी योग्यता के आधार पर अगर आपकी इच्छा हो तो कुछ समय तक नौकरी करने के पश्चात् अपने व्यापार अथवा व्यवसाय को प्रारंभ कर सकते हैं। यहां सबसे मुख्य बात यह है कि हमें अपनी ज़िन्दगी में बहुत कुछ पाने की आशा है, अभिलाषा है किन्तु उस आशा और अभिलाषा की पूर्ति के लिए आप पूर्ण रूप से सजग नहीं रहते। अतः विद्यार्थी वर्ग को विशेष रूप से इस बात पर ध्यान रखना है कि लक्ष्य बनाकर ही पढ़ाई करें, तभी निश्चित रूप से आपकी ज़िन्दगी हसीन बन पाएगी और आप अपने लक्ष्य को पाने में सफल हो पाएंगे। इसी प्रकार जो व्यक्ति व्यापार एवं व्यवसाय

में उतरना चाहता है, आज न उसके पास अनुभव है, न हाथ में पैसा, ऐसी अवस्था में उसके लिए केवल एक ही कार्य है और वह है अपनी सच्ची लगन और ईमानदारी से किसी व्यापारी अथवा व्यवसायी के यहां कार्य करना। कार्य करते समय अपनी तनख्वाह की तरफ नजर न रखकर केवल इस बात पर नजर रखना कि मेरे कार्य से मेरे मालिक खुश होते रहें, केवल इस विचारबिन्दु को अपना लक्ष्य बनाकर रखें तो इसमें कोई भी शक नहीं है कि आप आने वाले समय में अपने व्यापार एवं व्यवसाय के मालिक बन पाएंगे।

अतः हमारे पाठक ध्यान रखें कि हम अगर ज़िन्दगी में निरंतर प्रयास, अभ्यास करते रहें तो जो भी लक्ष्य हमने बनाया, उसको पाने में सफलता मिलने में देर नहीं होगी।

8

अहम् का परित्याग करें

'अहम् लक्ष्य प्राप्ति में बहुत बड़ी बाधा है। यदि लक्ष्य पाना चाहते हैं तो अहम् का परित्याग करना ही होगा।'

आपने ज़िन्दगी में एक लक्ष्य बना लिया और अब आपकी नजर उस लक्ष्य की प्राप्ति की तरफ है, किन्तु प्रतिपल इस बात पर अवश्य नजर रखें कि आपका अहम् आपको अपने लक्ष्य से दूर ले जाएगा और आपका लक्ष्य पूरा नहीं होने देगा। अतः प्रतिपल इस बात का ध्यान रखें कि ज़िन्दगी में अहम् का पूरी तरह से परित्याग कर दें, कम-से-कम अपने लक्ष्य को पाने के लिए आपको ऐसा करना पड़ेगा।

पिछले 40 वर्षों में मैंने ज़िन्दगी के हर इन्द्रधनुष में अहम् के नुकसान को काफी नजदीकी से देखा है। चाहे बात व्यापार की हो अथवा व्यवसाय की और सामाजिक कार्य क्षेत्र में या फिर राजनीति के बारे में हो, ज़िन्दगी के हर पहलू में अहम् की जबरदस्त भूमिका रही है। आपका अहम् आपके लक्ष्य को पूरा करने में जबरदस्त भूमिका निभाता है। यह भूमिका ऐसी होती है कि केवल अहम् को ग्रहण करने से आपका लक्ष्य पूरा नहीं हो पाता। अतः अब समय आ ही गया है कि जब आप अपनी ज़िन्दगी में अपने लक्ष्य को पूरा करने की तरफ सोच रहे हैं तो ऐसे में अपने अहम् का पूरी तरह से परित्याग कर दें, तब आप पाएंगे कि आपकी ज़िन्दगी के हर पहलू में जो भी लक्ष्य आपने रखा, उस लक्ष्य की प्राप्ति के लिए आप सतत् अग्रसर होंगे और आपको अपने लक्ष्य की प्राप्ति जल्दी होगी।

जब हम अहम् की चर्चा करते हैं तो अपने पाठकों को यह बताना चाहेंगे कि अहम् के बारे में कोई मापदंड नहीं है कि कितना अहम् घातक है और कितना अहम् घातक नहीं है। मस्तिष्क में केवल एक बात का ही मनन करें

कि अहम् आपकी ज़िन्दगी में चाहे छोटे रूप में आए या बड़े रूप में, फिर भी अहम् घातक होता है। अच्छी बात तो यह है कि आप अपने अहम् को स्वयं ही भगा सकते हैं। किसी बाहरी परिवेश की जरूरत नहीं है अहम् को भगाने के लिए। केवल अपने मस्तिष्क में विचार कर लेना है कि मेरा अहम् मेरे लिए नुकसानदायक है। ऐसी अवस्था में हम अहम् को अपने नजदीक क्यों मंडराने दें। हाँ, एक बात तो निश्चित है और वह यह है कि समय-समय पर अहम् के नुकसानों का मनन करने से आपके अन्दर अहम् भगाने की आस्था जागृत हो जाएगी और आप अहम् को अपनी ज़िन्दगी से दूर रख पाएंगे।

मुझे दो दोस्तों का व्यापार याद आ रहा है, जो करीब-करीब 20 वर्षों तक सफलतापूर्वक चलता रहा। आपस में कहीं किसी प्रकार की समस्या नहीं आई, किन्तु अचानक एक छोटी-सी बात को लेकर दोनों में तनातनी हो गई। बात कोई खास नहीं थी। उस बात से न तो रुपये के लेन-देन में कमी आ रही थी और न ही किसी का नुकसान हो रहा था, किन्तु उस बात को उन्होंने अपने अहम् का हिस्सा मान लिया और अहम् की वजह से दोनों व्यक्तियों के व्यापारिक ताल्लुकात समाप्त हो गए। अंत में दोनों को गहरा नुकसान सहना पड़ा, क्योंकि यह तो भली-भांति विदित है कि अगर एक काम को दो व्यक्ति संभालेंगे तो दोनों अच्छी तरह से उसको संभाल पाएंगे और वही कार्य एक व्यक्ति को संभालना है तो सभी कार्य एक ही व्यक्ति देखेगा। ऐसे में व्यापार एवं व्यवसाय में पूर्णता आने में परेशानी आएगी। जरा सोचिए, फलते-फूलते व्यापार एवं व्यवसाय जिसको दोनों व्यक्ति मिलकर चला रहे थे और कमाई कर रहे थे, क्षण-भर में टूट गया और वह भी केवल 'अहम' की वजह से। अतः आप अपने मन में प्रतिज्ञा कर लें कि कभी भी 'अहम' को मन में नहीं आने देना है। अपनी बुद्धि से कार्य करें।

विश्व स्तरीय सेवा संस्थान में केवल अहम् की वजह से बड़ा अच्छा चलता हुआ क्लब सिलीगुड़ी शहर में टूट गया, क्योंकि एक व्यक्ति के दिल में अहम् आ गया कि फोटोग्राफर ने मेरे और मेरी पत्नी की फोटो नहीं खींची और दूसरे व्यक्तियों की फोटो खींच ली। यह अहम् भी आ गया कि मुख्य अतिथि जब आए तो मुझे उनके पास खड़ा कर मेरी फोटो नहीं खींची गई। जरा सोचिए, इतनी छोटी-सी बातों की वजह से आप अपने मस्तिष्क को अहम् से भर देते हैं, जिससे भारी नुकसान होता है और यह नुकसान केवल आपका ही होता है। अतः अहम् को नजदीक न आने दें, तभी आपको अपने लक्ष्य को पार करने में सफलता मिलेगी।

9

लक्ष्य प्राप्ति के लिए रोजनामचा

'जिंदगी में कामयाबी पाने के लिए रोजनामचा जरूर लिखें और यदा-कदा उसे पढ़ लिया करें, ताकि अपना लक्ष्य ध्यान रहे और गलतियों से सबक मिलता रहे।'

—महात्मा गांधी

ज़िन्दगी का लक्ष्य क्या हासिल करना है, जब यह आपने सोच ही लिया है तो अब समय आ गया है कि आप उस लक्ष्य की प्राप्ति के लिए दिन-रात प्रयत्न करते रहें। उस समय आपको असीम प्रसन्नता मिलेगी, जब आप पाएंगे कि आपका लक्ष्य पूरा हो गया है। लक्ष्य को पूरा करने में बहुत महत्त्वपूर्ण भूमिका निभाएगा आपका रोजनामचा। आप अपने प्रतिदिन के कार्य लिखें अथवा डेली डायरी लिखें। रोज की संक्षिप्त रूप से लिखी गई आपकी डायरी आपको आपके लक्ष्य के नजदीक पहुंचाएगी। इसका मुख्य कारण यह है कि जब आप अपना रोजनामचा लिखेंगे तो बिना बोले स्वतः ही आपको यह पता चल जाएगा कि आज की दिनचर्या में किन बातों की वजह से आपके लक्ष्य प्राप्ति में बाधा आई है। आपको यह भी पता चलेगा कि किन बातों की वजह से आप अपने लक्ष्य को पूरा करने की तरफ उसके नजदीक पहुँच रहे हैं। अतः प्रत्येक व्यक्ति जो अपने लक्ष्य की पूर्ति करना चाहता है, उसे चाहिए कि वह अपना रोजनामचा लिखे। जब आप रात के समय सोने से पहले रोजनामचा लिखने बैठते हैं तो एक बात का निश्चित रूप से ध्यान रखें कि रोजनामचा में या डेली डायरी में आप अपने गुणों का बखान करने में कंजूसी अपनाएं। रोजनामचा में केवल काम की बातें लिखें, जिसका आपके जीवन के लक्ष्य से

मतलब है। वे सब बातें लिखें, जो आज क्रियान्वित हुईं या क्रियान्वित नहीं हो पाईं। जिनका सीधा-सीधा संबंध आपकी ज़िन्दगी के लक्ष्य से है। किसी स्थान पर आपका हार्दिक अभिनन्दन हुआ और आपकी प्रशंसा की गई, उन बातों का समावेश अगर हमारे रोजनामचा में नहीं आए तो किसी प्रकार की कोई समस्या नहीं है। वैसे भी संक्षेप में, अगर आज हमारा सही सम्मान हुआ, आज हमें मान मिला, आज हमारी लोगों ने तारीफ की, यदि उसका थोड़ा-सा पुट आ भी जाए आपके रोजनामचा में तो कोई गलत नहीं है, क्योंकि आपको जो प्रशंसा मिली, वह बात जब आप बार-बार पढ़ेंगे, तो आपके दिल में और प्रेरणा जागेगी कि मैं किस प्रकार और ज्यादा अपने लक्ष्य की प्राप्ति के लिए सजग हो जाऊं।

महात्मा गांधी ने बार-बार इस बात पर जोर दिया है कि प्रत्येक व्यक्ति को चाहिए कि वह अपनी डेली डायरी अथवा रोजनामचा रोज लिखें। महीने-दो-महीने में आपने जो रोजनामचा लिखा है, उसको पढ़ें। समय-समय पर रोजनामचा पढ़ने से हमने, जो लक्ष्य निर्धारित किए हैं, उनका सफलतापूर्वक पालन करने में मदद मिलेगी।

रोजनामचा लिखने का सबसे बढ़िया तरीका यह है कि आप ऐसी डायरी लें जिसमें हर तारीख का एक पन्ना हो। अब इस पन्ने में ही आप चेष्टा करें कि अपनी दिनचर्या लिख डालें। वैसे तो दिनचर्या लिखने का कोई निश्चित समय नहीं है, पर सर्वोत्तम यही है कि जब आप रात को निद्रा के लिए प्रस्थान करने की तैयारी कर रहे हैं, उसी समय पांच मिनट से कम समय लगाकर रोजनामचा लिख डालें। बेहतर होगा दिनांक के साथ समय लिखकर रोजनामचा लिखें। यह अंग्रेजी में लिखें या हिन्दी अथवा अन्य किसी भाषा में लिखें, उससे कोई मतलब नहीं है। मतलब केवल है कि आज आप अपनी आत्मा से आत्म संबोधन करना चाह रहे हैं कि मेरा दिन कैसा बीता। इस बीते हुए आज के बारे में आपने जो रोजनामचा लिख लिया तो आपको महसूस हो जाएगा कि आज के दिन में आपकी क्या कमियां थीं और ऐसी कमियों को सुधारने के लिए अगला दिन आने वाला है। इस प्रकार रोजनामचा लिखने की आदत डालने से आपको एक तरह का उत्साह मिलेगा। विशेष तौर से ऐसे व्यक्ति जिन्हें लगता है कि ज़िन्दगी में किसी से भी अपनी बातों के बारे में और अपने लक्ष्य के बारे में बातचीत नहीं कर सकते, वे रोजनामचा लिखकर अपने आपसे अपने उत्थान के लिए और अपने लक्ष्य को साकार बनाने के लिए नये आयाम प्रस्तुत कर सकते हैं।

आज तक आपने अपना रोजनामचा या डेली डायरी नहीं लिखी, दिन प्रतिदिन, साल-दर-साल बीतते गए, आपकी गतिविधियाँ बढ़ती गईं, सफलताएँ भी मिलती रहीं, कुछ निराशा भी आती रही, पर इन सबका लेखा-जोखा आपने आज तक नहीं लिखा। याद मत करो कि आज तक हमने अपना रोजनामचा नहीं लिखा, याद मत करो कि जब हमने आज तक कुछ लिखा ही नहीं तो हम कैसे लिखेंगे? रोजनामचा या डेली डायरी लिखने के लिए ज्यादा कुछ नहीं करना है। सीधे-साधे बैठकर आप कोरे कागज पर दिन-भर में क्या-क्या गतिविधियाँ हुईं, उस पर उनका आकलन लिखना शुरू कर दें, कई बार जब आप अपनी दिनचर्या या रोजनामचा या डेली डायरी लिखने का प्रयास कर रहे हैं तो दो-चार दिन के बाद ही आपको यह अनुभव होने लगेगा कि आप अपनी डेली डायरी लिखते समय जो बातें लिख रहे हैं, वे बातें किसी अपने ही बहुत खास व्यक्ति के सामने चर्चा कर रहे हैं, ऐसा करने से आपके दिल की घुटन भी कम हो जाएगी। सच बात तो यह है कि आप और हम अपनी दिन-भर की, छोटी-मोटी, अच्छी-बुरी बातें किसी को बता नहीं पाते। किसी को बताएं तो झिझक होती है, हो सकता है उसे इनमें घमंड दिखता हो, हो सकता है कि वे हमें घृणा की दृष्टि से देखें और हो सकता है, उसे लगे कि ऐसी कौन-सी खास बात है जिसका आप बखान करना चाह रहे हैं। सच तो यह है कि आपका दिन आज कैसे बीता, आज आपकी ज़िन्दगी में क्या-क्या घटनाएं घटीं, इस बात को सुनने की वास्तव में रुचि किसी की नहीं है, परन्तु यह सच है कि यदि आप अपने बीते हुए दिन की चर्चा किसी से भी करें तो आपको अन्दर-ही-अन्दर एक अलग तरह की शक्ति प्राप्त होगी और फिर आप अपने लक्ष्य को प्राप्त कर पाएंगे। ऐसे में केवल एक ही विकल्प रह जाता है और वह विकल्प है अपना रोजनामचा या डेली डायरी लिखना।

जो पहली बार अपनी ज़िन्दगी में रोजनामचा या डेली डायरी लिखने जा रहें हैं, वे कृपया इस बात को ध्यान से समझ लें कि पहले एक हफ्ते तक जब आप लिखना प्रारंभ करेंगे तो हो सकता है कि आप आधे पन्ने से ज्यादा नहीं लिख पाएं या कई बार तो ऐसा हो सकता है कि आप दो लाइन लिखकर ही अपनी बात को विराम दें। कोई बात नहीं, आपने ज्यादा लिखा या कम, इससे कोई फर्क नहीं पड़ता। धीरे-धीरे हमें केवल एक ही बात का ध्यान रखना है कि जब डेली डायरी लिखनी है तो प्रतिदिन लिखनी है। इसमें लापरवाही नहीं होनी चाहिए। आप अगर एक हफ्ते तक लगातार अभ्यास कर अपनी डेली

डायरी लिखने की प्रक्रिया अपनाते रहें तो आप पाएंगे कि एक हफ्ते बाद आप निपुणता के साथ अपनी डेली डायरी लिखने में कामयाब हो गए हैं।

जब आपने डेली डायरी लिखना प्रारंभ कर दिया तो इस बात का ध्यान रखें कि आने वाले समय में हफ्ते, दस दिन, पन्द्रह दिन में कोई भी पन्ना डेली डायरी का खोलकर आप उसे पढ़ना शुरू करें। दिन-भर के 24 घंटों में आपको अपनी डायरी पढ़ने में केवल 5-7 मिनट ही लगेंगे। आपको यह बता दूं कि अपने ही द्वारा लिखी गई डेली डायरी को जब आप पढ़ेंगे तो आप कुछ मुस्कराएंगे, कुछ बातें पढ़कर आपको हंसी आएगी, कुछ बातों को पढ़कर आपको लगेगा कि मैंने क्या मूर्खता की। अंत में अपने द्वारा लिखी गई डेली डायरी को समय-समय पर पढ़ने से आपको वास्तव में अजीब तरह की खुशी मिलेगी, अजीब तरह से आंतरिक शक्ति मिलेगी और अजीब तरह की प्रसन्नता मिलेगी। आप विचार करेंगे कि अब आने वाले समय में मैं अपने लक्ष्य को किस प्रकार पूर्ण करने के लिए अग्रसर हो जाऊं। डेली डायरी का और भी आनन्द लेना हो तो चार-पांच दोस्त मिलकर डेली डायरी लिखने के बारे में चिंतन-मनन करें, चर्चा करें और अपनी-अपनी डेली डायरी लिखने से संबंधित जो बातें मन में आईं, उनका एक-दूसरे से आदान-प्रदान करें तो अच्छा रहेगा। इससे आपको डायरी लिखने की प्रक्रिया में असीम शक्ति का अहसास होगा। अगर आप अभी तक डेली डायरी नहीं लिखते हैं तो आज ही प्रण कर लें कि मुझे अपनी डेली डायरी लिखनी है। आखिर कोई तो कारण होगा, तभी तो राष्ट्रपिता महात्मा गांधी डेली डायरी लिखने के बारे में बहुत ज्यादा जोर देते थे। जब आप डेली डायरी लिखें तो इस बात का अवश्य ध्यान रखें कि आप संपूर्ण बातें सत्य लिखें। कई बार ज़िन्दगी में ऐसे मोड़ आते हैं, जब आप तनावग्रस्त हो जाते हैं और आपको डर लगने लगता है कि कहीं कुछ गलत न हो जाए। ऐसे में इन सब बातों को अपनी डायरी में लिख दीजिए। आपकी अपनी डेली डायरी आपके ही विचार और ज़िन्दगी में जो घटा उसका प्रतिस्वरूप है।

10

अघटित की चिंता क्यों!

'जो घटा नहीं, उसके बारे में अप्रिय विचार बनाकर चिंता करना, और उसमें स्वयं को उलझाना व्यर्थ है। ऐसा करने पर लक्ष्य की सफलता प्राप्त नहीं हो सकती।'

अपने लक्ष्य को हासिल करने के लिए यह बहुत ही महत्त्वपूर्ण है कि जो बात घटी नहीं, उसके बारे में चिंता न करें। यह आपके लक्ष्य को पूरा करने का सफल मंत्र है। बहुधा देखा जाता है कि लोग अपने लक्ष्य की तरफ नजर तो अवश्य रखते हैं, किन्तु प्रतिपल आने वाले कल के बारे में सोचकर चिंतित रहते हैं। अतः आप आने वाले कल के बारे में सोचकर चिंतित कदापि न हों, अन्यथा ऐसा करने पर आपको अपना लक्ष्य पूरा करने में परेशानी महसूस होगी।

परमात्मा के असीम आशीर्वाद के पश्चात् यह मानव जीवन प्राप्त हुआ है। इस मानव जीवन में अगर हम जीने की कला से भली-भांति परिचित हो गए तो समझो कि हमारा जीवन सार्थक हो गया, अन्यथा मानव जीवन पाने की बाद भी हमारे जीवन की सार्थकता नहीं रह पाती है। सबसे बड़ी समस्या तो यह है कि अगर इस जिंदगी में डरते-डरते जिएंगे तो जीने का आनंद और लुत्फ़ हम हर्गिज भी नहीं उठा पाएंगे। अतः डरो मत, न आज और न कल। हमेशा अपने कर्तव्य के पथ पर चलते हुए जीते रहो और कभी भी किसी से डरो मत। जब हम चर्चा करते हैं डरने की और यह बताना चाहते हैं कि जिंदगी में कभी भी डरो मत तो हमारा अभिप्राय किसी व्यक्ति विशेष से डरने का नहीं है, बल्कि आने वाले कल की बातें सोचकर उनसे उत्पन्न होने वाले डर से है। सभी पाठकों से हम चाहते हैं कि वे अपने जीवनकाल में होने वाली घटनाओं को

मस्तिष्क में स्थापित कर डर से उत्पन्न होने वाली प्रतिक्रियाओं से सदैव दूर रहें और अच्छी व सच्ची जीने की कला जानकर अपने जीवन को सफल बनाएं।

एक बार पति-पत्नी नौका विहार करते-करते चर्चा करने लगे कि हम दोनों में पहले किसकी मृत्यु होगी। नौका विहार समाप्त हुआ और फिर वे अपनी दिनचर्या में लग गए, किंतु पत्नी के दिमाग में रह-रहकर यह सवाल अगले दिन और उसके बाद कई दिनों तक उभरता रहा कि आखिर पहले किसकी मृत्यु होगी, पति की या पत्नी की। इसी विचारधारा से उत्पन्न होने वाली अनेक बातें उन्होंने अपने मस्तिष्क में लिख डालीं। पत्नी कल्पना करने लगी कि अगर मेरी मृत्यु पहले हो गई तो क्या मेरे पति पुनर्विवाह करेंगे और अगर करेंगे तो जो मेरे जेवरात हैं, क्या वे अपनी दूसरी पत्नी को देंगे या मेरे ही बच्चों में बांटेंगे? कुछ दिन बाद पत्नी कल्पना करने लगी कि कैसी होगी मेरे पति की दूसरी पत्नी। इस प्रकार के अनेक विचारों को मस्तिष्क में बैठाने की वजह से पत्नी बीमार रहने लगी।

एक बड़े मनोचिकित्सक को दिखाने के बाद पत्नी की मानसिक स्थिति का पता चला और जब उन्हें समझाया गया कि जो आज घटा ही नहीं है, उस बारे में आप चिंता क्यों करती हो, तब जाकर उनके मस्तिष्क में उठने वाले अनेक विचारबिंदु शांत हुए।

आप भी इस बात का ध्यान रखें कि जो आपके जीवन में घटा ही नहीं है, उस बात को सोचकर, उसके बारे में चिंता करके आप अपने स्वर्णिम जीवनकाल को बर्बाद न होने दें।

इसी प्रकार पांच वर्ष पहले एक दम्पती की शादी हुई थी। पिछले दिनों पति-पत्नी दोनों ही बड़े परेशान नजर आ रहे थे। परेशानी का मुद्दा अपनी तीन साल की गुड़िया को स्कूल भेजने का था। दोनों ही इस बात से चिंतित थे कि बच्ची का नामांकन किस स्कूल में होगा और उससे बड़ी समस्या, क्या नामांकन होगा भी या नहीं? कितनी दूरी पर होगा गुड़िया का स्कूल? अगर स्कूल में बस की सुविधा नहीं हुई तो कैसे पति-पत्नी मिलकर सवेरे गुड़िया को स्कूल में छोड़ने जाएंगे और पुनः लेने जाएंगे। इस प्रकार की मानसिक चिंता बच्चे के नामांकन को लेकर उन दोनों ने अपने दिमाग में बैठा ली। नतीजा यह हुआ कि जब तक स्कूल में दाखिला नहीं हुआ, तब तक दोनों पति-पत्नी मानसिक रूप से परेशान होने की वजह से जीने का आनंद नहीं ले पा रहे थे।

जो घटा नहीं, जो हुआ नहीं, जो बीता नहीं, उसकी चिंता आपको और हमें कभी भी नहीं करनी चाहिए, अन्यथा जीने का आनंद दूर हो जाता है। जहां यह बात व्यक्तिगत मामलों में भी लागू होती है, वहीं दूसरी तरफ व्यापार, व्यवसाय एवं निवेश के क्षेत्र में भी पूर्णतः खरी उतरती है। पिछले दिनों दिल्ली में डीडीए ने मकान आवंटन की नई योजना निकाली। ढेर सारे लोगों ने फार्म भरकर जमा कर दिए। जिन लोगों के पास पैसे नहीं थे, उन्होंने बैंक से कर्ज भी लिया और कर्ज लेने में उन्हें जरा भी हिचकिचाहट नहीं हुई। अगर फ्लैट का आवंटन डीडीए द्वारा हो जाता तो ब्याज का फायदा नुकसान से कई गुणा ज्यादा हो जाता। ऐसी सोच एक नहीं, बल्कि सभी की थी और जब आवेदन जमा कर दिया तो रात की नींद उड़ गई। यह चिंता सताने लगी कि अगर आवंटन नहीं होगा तो कल क्या होगा। आप ऐसे मौके पर चिंता न करें क्योंकि जो अभी हुआ नहीं है, उसकी चिंता करने से केवल आपका मस्तिष्क विकृत हो जाएगा और अच्छा सोचने में सक्षम नहीं रह पाएगा जिसकी वजह से आपको ढेर सारे अन्य दुष्परिणाम भोगने पड़ सकते हैं। अतः जब कभी भी निवेश के संदर्भ में ऐसी परिस्थिति आए और आपका मस्तिष्क तनावग्रस्त हो जाए तो ऐसे में चिंता न करें, केवल शुद्ध चिंतन करें।

उदाहरण के लिए, अगर डीडीए में आपने फ्लैट के लिए फार्म भरा, जब नाम आएगा तब खुशियां मनाइएगा और नहीं आएगा तो ब्याज का थोड़ा-सा नुकसान भुगत लीजिएगा। अगर आज ही अगले महीने, दो महीने के बारे में बिना बात की चिंता अपने सिर पर डाल लें तो अन्य कार्य करने की वृत्ति पर असर पड़ेगा। इसी प्रकार आपने कंपनी के शेयर में निवेश किया। अखबार में आपने विज्ञापन देखा और सोचा कि यदि शेयर में निवेश कर दिया जाए तो पैसे दुगने हो जायेंगे, किंतु जब तक कंपनी ने आवंटन के बारे में विज्ञप्ति जारी नहीं की, तब तक तो आपकी नींद बिल्कुल गायब हो गई। आप रोजाना बैठे-बैठे चिंता करने लगे कि मुझे क्या शेयर मिलेंगे, कितने मिलेंगे और जब शेयर स्टॉक एक्सचेंज पर लिस्ट हो जाएंगे तो उस शेयर के कितने गुणा दाम बढ़ जाएंगे जिसमें हमने निवेश किया है, ऐसे विचार अगर आते हैं तो आने दो। आप उनके बारे में चिन्तन कर सकते हो, पर चिंता करना बिल्कुल बेकार है और ऐसी चिंता आपकी स्वर्णिम जिंदगी को धक्का पहुंचाएगी। इसी प्रकार की चिंता वे सभी लोग भी करते हैं जिनके घर में बड़े बच्चे हो गए हैं। सबसे पहले चिंता करते रहते हैं कि बेटे या बेटी की शादी होगी कि नहीं होगी और होगी तो कब होगी?

मान लो जब सगाई हो गई, तब भी अलग तरह की चिंता मन में बैठी रहती है कि क्या यह संबंध ठीक-ठाक चलेगा? क्या सगाई से लेकर विवाह तक का समय अच्छे से बीत जाएगा? आपको चिंता होती है कि यदि बारात समय पर नहीं आई तो क्या होगा? आपको चिंता सताती है कि सगाई के कुछ समय बाद अगर संबंध विच्छेद हो गया तो हम समाज में मुंह दिखाने लायक ही नहीं रहेंगे। इस प्रकार की चिंताएं हकीकत में भारत के लोगों के ही नहीं, बल्कि विश्व के करोड़ों लोगों के दिमाग में उत्पन्न होती हैं। फिर भी अच्छी जिंदगी जीने वाले लोग इस प्रकार की चिंताओं से घबराते नहीं हैं और न ही ऐसी चिंता करते हैं।

जरा सोचो कि अगर आपने फालतू की बातों पर चिंता शुरू कर दी तो उससे आज आपको सिवाय समय की हानि और मस्तिष्क में विकार के कोई लाभ मिलने वाला नहीं है। अतः आप डरो मत, जो बीता नहीं जिंदगी में, उस बारे में आज ही से चिंता करना छोड़ दो। याद रखो, जो डर गया, सो मर गया। यह पूर्णतः हकीक़त है और जिंदगी के अनुभव की बात है।

जब बीमारी की बात आती है, तब भी हम पाते हैं कि बहुत सारे लोग बीमारी की बात सुनते ही चिंतित हो जाते हैं। अगर आप किसी बीमार व्यक्ति से मिलने अस्पताल में चले जाएं, उसकी बीमारी के बारे में हाल-चाल पूछें और घर आकर अकेले बैठे-बैठे चिंता करने लगें कि अगर मुझे भी उसी तरह की बीमारी हो गई तो मैं कैसे रहूँगा जिंदगी में? कैसे चलेगा मेरे घर का खर्चा? ऐसे विचार जब आते हैं तो मस्तिष्क सकारात्मक काम करने की जगह नकारात्मक काम करना शुरू कर देता है और आपकी सोचने की शक्ति को क्षीण कर देता है। अगर आप बिना डरे, जीने की कला का प्रयास सतत् करते रहेंगे, तो जिंदगी वास्तव में बड़ी हसीन लगने लगेगी, अन्यथा जो घटा नहीं, उसकी चिंता से ही आप अपना मनोबल खो देंगे। आप अपने मस्तिष्क की सोचने की शक्ति को क्षीण कर देंगे, आप बुझे-बुझे रहेंगे, आपका चेहरा एक दुःखी व्यक्ति का चेहरा दिखेगा। आस-पास में रहने वालों और आपके अपनों को भी आपसे मिलने की इच्छा नहीं होगी। अतः जो बीता नहीं, उसकी चिंता आज बिल्कुल न करो।

मुझे एक ऐसा व्यक्ति मिला जिसे एक हफ्ते पश्चात् दिल्ली से बनारस की यात्रा ट्रेन से करनी थी, परंतु अगले दिन टी.वी. में जब उसने सुना कि रात को एक ट्रेन की दुर्घटना हो गई थी, उस बात को लेकर वह इतना चिंतित हो गया कि एक बार तो उसने सोच लिया कि मैं ट्रेन से यात्रा करूँगा ही नहीं। वहीं

दूसरी तरफ हमारे एक परिचित टाइटेनिक फिल्म देखकर आए। उसमें उन्होंने देखा कि किस प्रकार अभूतपूर्व जहाज टाइटेनिक पानी में डूब गया था। उनके मस्तिष्क पर इस बात का इतना गहरा असर पड़ा कि वे कभी भी पानी के जहाज से समुद्री यात्रा करने की सोच भी नहीं सकते। अगर उनके साथी समुद्री जहाज में यात्रा कर रहे हों तो उनकी यात्रा को लेकर ही चिंतित हो जाते हैं और अपना ब्लड प्रेशर भी बढ़ा लेते हैं।

अगर आपको आने वाले बेवजह के डर से डरने की आदत हो तो उसे तिलांजलि देनी होगी। यदि बेवजह के डर को आपने तिलांजलि नहीं दी तो आपके जीने की कला में खटास आ जायेगी। अतः मैं आपसे अनुरोध करता हूँ कि आप अपने जीवन को मजबूत बनाते हुए जीने की लालसा रखते हैं तो आज, कल और कभी भी उन बातों की चिंता नहीं करें, जो आपके जीवन में घटी ही नहीं है। अगर हम देखेंगे तो पाएंगे कि ऐसी फालतू बातों की जिनकी हम चिंता करते रहते हैं, उनमें से 90 प्रतिशत बातें या घटनाएं हमारे जीवन में घटती ही नहीं हैं। अतः फालतू की चिंता का त्याग कर हकीकत की जिंदगी में रहना शुरू कर दें और रामायण की इस चौपाई को हकीकत मानें– 'जाही विधि राखे राम, ताही विधि रहिये।' अतः अपने जीवन का आनंद उठाने के लिए एक महत्त्वपूर्ण कदम है कि हम आज ही अपने मन के डर को भगा दें। विशेष तौर से डर उन बातों का, जो हमारे जीवन में घटित नहीं हुआ। इस छोटे से मुद्दे को अगर आप मन में गांठ बांधकर रख लेंगे तो आपका जीवन आनंदमय होगा और आपको जीवन में रोचकता लगने लगेगी।

11

सारी जमा-पूंजी दूसरों की, केवल लक्ष्य अपना

'हमारी जमा-पूंजी एक दिन निश्चय ही दूसरों की हो जाएगी। अतः सदा ऐसे लक्ष्य पर ध्यान केंद्रित करें, जो सदैव अपना रहे।'

बात पूर्णतः सत्य है कि आपको अपनी ज़िन्दगी में कमाई हुई सारी पूंजी केवल पांच मिनट में ही अन्य व्यक्ति को लिखकर दे देनी है। आप ऐसा चाहें तो होगा और अगर नहीं चाहें तो भी निश्चित रूप से होगा। कहने का सीधा-सा मतलब यह है कि आपकी सारी पूंजी आज नहीं तो कल परिवार के या अन्य रिश्तेदारों के नाम लिख दी जाएगी। विशेष तौर से जब हम इस दुनिया से विदा लेंगे। ऐसे में अपने लक्ष्य को मद्देनजर रखते हुए इस बात का चिंतन-मनन करें।

हमें आज नहीं तो कल जिंदगी की सारी कमाई पांच मिनट में दूसरे के नाम लिख डालनी है, यह विचार आते ही एक बार तो मानसिक रूप से हम चिंतित हो जाते हैं और तुरंत विचार करने लगते हैं कि मैं अपनी जिंदगी की कमाई किसी अन्य व्यक्ति को हरगिज़ भी देने वाला नहीं हूँ। सच तो यही है कि यह देने की प्रक्रिया आप चाहे खुशी से अपनाएं या दुखी मन से, परंतु जिंदगी की वास्तविकता और सत्यता यही है कि हमें अपनी संपूर्ण कमाई अन्य लोगों के हाथों में देनी पड़ेगी। ज्यादातर पाठक इसे पहेली समझ रहे होंगे, परंतु अपनी जिंदगी की सारी कमाई को पांच मिनट में देने के बारे में जो बात मैं कर रहा हूँ, उससे मेरा तात्पर्य है हमारी अपनी वसीयत से। जिंदगी में कम उम्र से ही आपने भी कार्य प्रारंभ कर दिया। चाहे नौकरी का, चाहे व्यवसाय का, चाहे उद्योग का और पिछले

पचास वर्षों में ढेर सारा धनोपार्जन कर लिया। आपने अपने ही हाथों से मेहनत करके लाखों-करोड़ों रुपये कमाए। एक भी संपत्ति आपके नाम में नहीं थी। आज आपके पास ढेर सारी संपत्तियाँ, कंपनियों के शेयर, बैंक बैलेंस, फिक्स डिपोजिट, सोने-चाँदी के जेवरात के सभी हो गए हैं, किंतु जिंदगी का एक पड़ाव ऐसा भी आएगा, जब आपको इन सारी संपत्तियों को अपनी वसीयत के द्वारा आने वाली पीढ़ी में परिवार के अन्य सदस्यों के नाम में बांट देना होगा। इस प्रक्रिया से अगर आप संतुष्ट नहीं हैं अथवा आपको यह बात रास नहीं आती, तो भी इस बात की तो गारंटी है कि आपकी संपूर्ण संपत्ति, आपके बाद परिवार के सभी सदस्यों में बांट दी जाएगी। जी हां, अगर हम वसीयत नहीं बनाते हैं तो हमारी मृत्यु के पश्चात् हमारी संपूर्ण संपत्ति कानूनी तौर पर हमारे रिश्तेदारों में बांट दी जाती है।

जब हमें यह ज्ञात हो गया कि चालीस-पचास वर्षों में मेहनत से कमाई और अर्जित की गई सपूर्ण संपत्ति पांच मिनट में बांटनी ही पड़ेगी, तो ऐसी दशा में मैं एक विचारबिंदु अपने पाठकों के सामने रखना चाहता हूँ। मैं चाहता हूँ, इस विचारबिंदु पर आप चिंतन करें, दोस्तों से चर्चा करें और फिर अपने मानसपटल में एक बदलाव लाने की चेष्टा करें। मेरे विचार से जब हमें हमारी संपूर्ण जिंदगी की कमाई को पांच मिनट में देना ही पड़ेगा तो ऐसे में क्यों नहीं हम ऐसा सोचें कि अपनी संपत्ति का कुछ अंश कम-से-कम प्रतिवर्ष सेवा के अच्छे कार्यों में अपने हाथों से लगाएं और जिंदगी का लुत्फ़ उठाएं। जी हां, यह विचारबिंदु अब तक मैंने सैकड़ों प्रतिष्ठित और पैसे वाले लोगों के बीच रखा और उन्हें प्रेरित किया कि आप अपनी संपत्ति का कुछ हिस्सा अपने हाथों से दान-धर्म में लगाएं। अगर आप ऐसा करेंगे तो पुण्य का लाभ तो मिलेगा ही, साथ ही असीम मानसिक शांति आपके द्वार पर आ जाएगी। मेरा अनुरोध विशेष तौर से उन सभी व्यक्तियों से है जिन पर लक्ष्मी जी की असीम कृपा है कि वे भगवान की इस असीम कृपा का लाभ लेते हुए कम-से-कम अपने जीवनकाल में अपने ही हाथों से कुछ राशि गरीब, असहाय व्यक्तियों के मध्य वितरित करने का कार्य करें। अपने हाथ से दिए हुए दान की उपयोगिता शास्त्रों में लिखी हुई है। अतः अपने जीवनकाल में अपने पैसे का सदुपयोग परिवार के सदस्यों में वितरित करने के अलावा समाज में ऐसे वर्ग के लोग, जो असहाय हैं, पीड़ा और अभाव में हैं, उनकी थोड़ी मदद करें तो देश और समाज का कल्याण होगा और हमारी आत्मा को सच्चा सुख मिलेगा। मैं चाहता हूँ कि पाठक इस विचारबिंदु के बारे में चिंतन-मनन करें, दोस्तों के बीच में बातचीत करें और अपने अनुभव कृपया लेखक को लिखने का कष्ट करें।

12

शीघ्र लक्ष्यपूर्ति हेतु चौदह दिनों का हफ़्ता

'अगर आपकी जिंदगी में एक हफ्ते में चौदह दिन हो जाएं तो जिंदगी न केवल हसीन हो जाएगी, बल्कि लक्ष्य सहित आप बहुत कुछ प्राप्त कर सकते हैं।'

यह तो सभी जानते हैं कि एक हफ्ते में सात दिन होते हैं। अगर अमेरिका चले जाएं तो... पाठकों को ले चलता हूँ ऐसी जगह, जहाँ एक हफ्ते में चौदह दिन होते हैं। कल्पना कीजिए कि अगर आपकी ज़िन्दगी में भी एक हफ्ते में चौदह दिन हो जाएं तो कितनी हसीन बन जाएगी ज़िन्दगी और क्या कुछ ज्यादा हासिल कर पाएंगे आप इस एक हफ्ते में? आपके हफ्ते में चौदह दिन का समय है अपने लक्ष्य को साकार करने के लिए। एक हफ्ते के चौदह दिन आप अगर बना सकें तो निश्चित रूप से यह फायदे वाली बात है। आइए, ले चलते हैं आपको उस जगह, जहाँ थोड़ी-सी सोच की वजह से एक हफ्ते में सात दिन के बजाय चौदह दिन हो जाएंगे।

मैंने एक सीधा-साधा फ़ॉर्मूला बनाया है जिससे अपनी ज़िन्दगी में भी समय की बढ़ोतरी होगी और एक सप्ताह मात्र सात दिनों का न होकर चौदह दिनों का हो जाएगा। इस फ़ॉर्मूले का अनुभव मैंने लब्ध प्रतिष्ठित उद्योगपतियों पर किया और पाया कि छः महीने के पश्चात् उन्होंने इस बात पर अमल करके अपनी ज़िन्दगी में समय को बढ़ा लिया और अपने लक्ष्य को समय सीमा से जल्दी हासिल कर लिया। अगर आप भी इस फ़ॉर्मूले को क्रियान्वित करें तो निश्चित रूप

से अपनी ज़िन्दगी में एक हफ्ते में चौदह दिनों को पाएंगे और आपके लक्ष्य को पूरा करने में आपकी मदद करेंगे।

प्रस्तुत है वह फ़ॉर्मूला जिससे आपका एक हफ्ता बन जाएगा चौदह दिनों का। एक सादा-सा कागज ले लीजिए। उसमें आपको अपने कार्यकलापों का विवरण लिखना है, जो आप एक हफ्ते के चौदह दिनों में पूरा करना चाहते हैं। अब इस एक हफ्ते में जो सामान्यतः सात दिन का होता है, उसी के एक हफ्ते वाले कागज में प्रतिदिन आपको एक दिन के दो दिन बनाने हैं अर्थात् सूर्योदय से लेकर दोपहर के भोजन तक आपका एक दिन बन जायेगा। वहीं दूसरी तरफ आपका दूसरा दिन प्रारंभ होगा दोपहर के भोजन से लेकर रात्रि शयन के समय तक। इस प्रकार आपने एक दिन के दो टुकड़े कर दिए अर्थात् एक टुकड़ा सवेरे का और एक शाम का। अब आपके चौदह दिन बन गए।

आपको अपने अध्ययन में सफलता हासिल करनी है तो भी इस एक सप्ताह के जो चौदह दिन हमने बना लिये प्रत्येक दिन में, अलग-अलग समय में लिख डालें– आपको क्या पढ़ाई करनी है? आपको क्या अध्ययन करना है? किस विषय के किस पाठ को याद करना है? तब आपको सफलता मिलती जाएगी। इसी प्रकार आप व्यवसाय आदि में लगे हुए हो तो सप्ताह के चौदह दिनों में अलग-अलग कार्य लिख डालें, फिर आप देखें कि आपको ज़िन्दगी का कितना शानदार तोहफा मिलता है, वह भी इसलिए कि आपने अपने एक सप्ताह को चौदह दिन का बना दिया। इस छोटे से-अभ्यास को आप प्रारंभ करना शुरू कीजिए और आप पायेंगे कि आपकी ज़िन्दगी में यह फ़ॉर्मूला अपनाने से ज़िन्दगी के लक्ष्य को पाने की प्रक्रिया तुरंत प्रारंभ हो गई है और शीघ्र ही आप पहुंच पाएंगे उस पायदान पर, जिसका आपने लक्ष्य बनाया हुआ है। अतः दोस्तो! इस बात को भली-भाँति मान लें कि आपके एक सप्ताह के अन्दर ही चौदह दिन का समय होता है। इस प्रकार आप इस एक हफ्ते में अपने कार्य को चौदह दिनों में बांट दें। ऐसा करने से आप पाएंगे कि वास्तव में आपका टाइम मैनेजमेंट बड़ा शानदार हो गया है और कम समय में ज्यादा उपलब्धि हासिल करने के आयाम को वास्तव में आप क्रियान्वित होते देख पाएंगे।

इसी प्रकार छुट्टियों का पूरा लुत्फ़ लेना हो तो भी जिस जगह पर आप घूमने जाएं, हमेशा सप्ताह के चौदह दिन बनाकर अपने कार्य को क्रियान्वित करें। ऐसे में आप देखेंगे कि आप ज्यादा भ्रमण कर पाएंगे और ज़िन्दगी का

ज्यादा लुत्फ़ उठा पाएंगे। कहने का सीधा मतलब यह है कि कम समय में ज्यादा पा लेने की चाह को वास्तविक रूप में क्रियान्वित किया जा सकता है। अब आप एक सप्ताह को चौदह दिन के नजरिए से देखें। कुल मिलाकर केवल इतना करना है कि एक दिन के कार्यकाल को हमें दो भागों में बांटना है यानी सवेरे वाला दिन और शाम वाला दिन। दिन के पहले आधे हिस्से में जो काम करना है, वह काम उस समय में पूरा करने की कोशिश करें। इसी प्रकार एक दिन के दूसरे भाग को देखें, जो प्रारंभ होता है दोपहर से रात तक। इसमें भी आप अलग से काम करने का एजेंडा बनाएं तो आपको निश्चित रूप से अपने लक्ष्य को पाने में शीघ्र सफलता मिलेगी।

ज़िन्दगी का लक्ष्य पाने के लिए हम जितनी जल्दी लग जाएं, उतना ज्यादा ही हमारा फायदा है। हालांकि यह बात भली-भाँति विदित है कि समय की गति जैसे चलती है वैसे ही चलेगी, परंतु समय की गति को तेज बना सकते हैं आप, अगर आप अपनाएँ इस प्रक्रिया को, जिससे कि आपका एक सप्ताह बन जाता है चौदह दिनों का।

13

पीड़ित के आँसू पोंछना भी बनाएं लक्ष्य

'जो पीड़ितों के आंसू पोंछता है, वह स्वयं आंसुओं से पीड़ित नहीं होता।'

–सर वाल्टर रैले

आपकी ज़िन्दगी और आपका अपना लक्ष्य! बिल्कुल सही है। जब ज़िन्दगी आपकी है तो लक्ष्य बनाना और उसका पालन करना भी आपका ही काम है, परन्तु एक विचारबिन्दु आपके सामने रखना चाहूंगा। वह विचारबिन्दु यह है कि जिस समय आप अपनी ज़िन्दगी के लक्ष्य को पूरा करने की प्रक्रिया अपनाने जा रहे हैं और अपनी ज़िन्दगी के लक्ष्य की एक परिकल्पना बना ली है तो कृपया इस प्रश्न का चिंतन-मनन करें - मेरा प्रश्न है कि क्या आपने किसी के आँसू पोंछना अपनी ज़िन्दगी का लक्ष्य बनाया या नहीं?

साधारणतः हम इस प्रश्न का उत्तर खोजें, पाएं, सोचें, विचारें, लोगों से पूछें तो पता चलेगा कि अपनी ज़िन्दगी के लक्ष्य बनाने में, सबसे बड़ा लक्ष्य है मेरी ज़िन्दगी, मेरी तरक्की अर्थात् आपका अपना लक्ष्य तरक्की की भाषा ही बोलता रहेगा। जो व्यापार अथवा व्यवसाय में हैं, उन्हें तो चाहिए कि मेरी ज़िन्दगी का लक्ष्य ऐसा बन जाए कि मैं लाखों-करोड़ों रुपये कमाता ही रहूँ। दूसरी तरफ जो नौकरी करते हैं, वे चाहेंगे कि जहां हम काम कर रहे हैं, वहां हमारी दिन-दूनी रात-चौगुनी तरक्की हो जाए और

हमारे औहदे में तरक्की के साथ-साथ पैसे भी ज्यादा मिलें। इसी प्रकार अगर हम किसी विद्यार्थी के लक्ष्य की बात करें, तो वे यही चाहते हैं कि परीक्षा में हर विषय में ढेर सारे नम्बर मिल जाएं और विद्यार्थी जीवन का भरपूर आनन्द लें। कुल मिलाकर ज़िन्दगी के हर पहलू पर पहुंच जाते हैं तो आपका अलग-अलग परिवेश में अलग-अलग लक्ष्य बन सकता है। फिर भी मुझे एक सवाल पूछना है कि क्या वास्तव में आपने लक्ष्य बनाते समय किसी अन्य व्यक्ति के आँसुओं को पोंछने का भी कार्य लक्ष्य की अपनी लिस्ट में लिखा है या नहीं? हो सकता है, आप चाहते तो हों कि कुछ लोगों के आंसू अपने रूमाल से पोछें, किन्तु आपने उसे ज़िन्दगी का लक्ष्य नहीं माना। इसलिए जब आपने लक्ष्य का प्रारूप बनाया तो वहां कहीं भी इस कार्य का नामोनिशान नहीं है।

अपने सभी प्रबुद्ध पाठकों को मैं प्रेरित करना चाहूंगा कि लक्ष्य निर्धारण करने की जब आपने सोच बना ली है तो व्यक्तियों के आँसू पोंछने की प्रक्रिया को भी अपनी ज़िन्दगी का अहम् लक्ष्य बना लें।

कल्पना कीजिए कि आपके भी आँसू ज़िन्दगी के किसी मोड़ पर अन्य व्यक्तियों ने पोंछे और आपको वह बात अभी तक याद है। ऐसे में अगर आप सक्षम हो जाते हैं तो क्यों नहीं किसी पीड़ित व्यक्ति के आँसू पोंछें। आँसू पोंछने की प्रक्रिया आज और कल, कल और परसों, परसों और तरसों चली आई है, चलती रहेगी, पर अगर आप समग्र जीवन जीना चाहते हैं, अपने लक्ष्य को ऐसा बनाना चाहते हैं कि उसके साथ दिल में थोड़ी-सी रोचकता हो, ज़िन्दगी में थोड़ा आनन्द भी मिले तो आप एक लक्ष्य यह भी बनाइए कि आप किसी असहाय व्यक्ति के आँसुओं को अपने रूमाल से पोंछें।

ज़िन्दगी का मुख्य लक्ष्य जो लिखना है लिख डालो, किन्तु उस लक्ष्य को आनन्दमय बनाने के लिए निश्चित रूप से जरूरी है कि आपके लक्ष्य में इस बात का समावेश हो कि आप भी ज़िन्दगी के पड़ाव पर किसी-न-किसी व्यक्ति के आँसुओं को पोंछेंगे।

इस बात को वास्तविक सत्य मानिए कि आपने किसी अन्य व्यक्ति के आँसुओं को पोंछने की चेष्टा की और उस व्यक्ति के आंसू पोछने में सफल हो गए तो प्रभु के आशीर्वाद से और आपके द्वारा किए गए कार्य से निश्चित रूप से आपकी तरक्की होगी। अन्य व्यक्ति, खास तौर से जो

न तो आपका रिश्तेदार है और न ही दोस्त, उसके जीवन में आँसुओं को पोंछने की प्रक्रिया को वास्तविक आयाम देने पर आप पर प्रभु की कृपा रहेगी, जो आप स्वयं इस ज़िन्दगी में देख पाएंगे, अनुभव कर पाएंगे। यदि यह कार्य सम्पादित करने का आपने लक्ष्य बना लिया तो आप एक विचित्र शक्ति का अनुभव करेंगे, जो आपको लक्ष्य तक पहुंचने में मदद करेगी। अतः अपनी ज़िन्दगी का लक्ष्य एक लाइन यह भी लिखें कि ज़िन्दगी में पीड़ित लोगों के आँसुओं को पोंछने का कार्य भी करेंगे और उससे प्राप्त स्फूर्ति व आनन्द को अपने लक्ष्य प्राप्ति में लगाएंगे।

14

समृद्धि प्राप्ति का लक्ष्य

'अगर आप निवेश के अलग-अलग विकल्प में निवेश करते हैं तो आपकी समृद्धि संभव है।'

जब आप एक ही विकल्प में अपनी पूर्ण राशि नियोजित करते हैं तो ऐसे में आपका समृद्धि पाने का सपना चकनाचूर हो सकता है। अतः सबसे पहले इस बात का ध्यान रखें कि आप कम-से-कम एक विकल्प में कभी भी अपनी पूर्ण राशि का नियोजन करने के बारे में नहीं सोचें। अगर आप निवेश करने के अलग-अलग विकल्प लेते हैं तो आपकी समृद्धि निश्चित रूप से संभव है।

मुझे कुछ वर्षों पहले की बात याद आ रही है, जब दिल्ली के वसंत कुंज इलाके में फार्म हाउस के हजार-हजार गज़ के टुकड़े एक बिल्डर ने काटे थे। समय के हिसाब से उनकी कीमत काफी ठीक रखी गई थी। लोगों को आशा थी कि उनमें निवेश करने से ढेर सारी कमाई हो जाएगी। कई लोगों ने एक ही प्लॉट लिया, वहीं कुछ लोगों ने दो-तीन प्लॉट ले लिए और महीने-दो-महीने बाद पुनः दो-चार प्लॉट और ले लिए। उस इलाके में लोगों ने हजार गज के अपने प्लॉट पर बाउंड्री बनाकर छोटा-सा मकान भी बना लिया। इस प्रकार एक नहीं सैकड़ों छोटे-छोटे प्लॉटों के ऊपर लोगों के मकान बन गए। कुछ लोगों ने तो यहां तक सोचा कि यह निवेश का अति सर्वोत्तम विकल्प है। इसमें उनकी ज्यादा कमाई होगी, इसलिए उन्होंने और भी ज्यादा फार्म हाउस के टुकड़े ले लिए, परन्तु एक दिन ऐसा आया, जब वहां सरकार ने सारे मकान तोड़ दिए। जितने भी मकान बने हुए थे,

उन सभी पर बुल्डोज़र चला दिए और एक ही दिन में सारे फार्म हाउस समतल जमीन बन गए।

कल्पना कीजिए कि अगर समृद्धि प्राप्ति के लक्ष्य से जिन लोगों ने वहां निवेश किया तो ऐसे में उनकी क्या हालत हुई होगी। उन्होंने सोचा था कि हम लाखों लगा रहे हैं तो करोड़ों कमाएंगे इसलिए उन्होंने एक-दो नहीं, बल्कि उससे ज्यादा प्लॉट खरीद लिये थे। आप भी इस बात से यह शिक्षा लें कि अगर आपका समृद्धि प्राप्ति का लक्ष्य है तो निश्चित रूप से किसी भी हालत में निवेश के लिए एक ही विकल्प न बनाएं। हमेशा अलग-अलग तरीके से जमीन आदि खरीदें और अपने निवेश को अलग-अलग तरीके से क्रियान्वित करें।

जब आप सोचते हैं कि मैं जमीन-जायदाद में निवेश करूंगा तो मेरी कमाई ज्यादा होगी, ऐसी बात पूर्णतः सही है, किन्तु जब आप कभी भी जमीन-जायदाद में निवेश करने की प्रक्रिया को आयाम देने की सोचें या आपकी सोच जमीन-जायदाद के निवेश से समृद्धि का लक्ष्य बनाने की है तो कृपया इस बात का हमेशा ध्यान रहे कि जिस जमीन-जायदाद में निवेश करने की सोच रहे हैं, उसके बारे में पूर्ण जानकारी लें। पहले अच्छी तरह से पता कर लें कि जो जमीन आप खरीदने की सोच रहे हैं, क्या वह कानूनी रूप से सही है अथवा नहीं। क्या उस जमीन पर आने वाले समय में मकान आदि बन सकता है या नहीं? यह भी विचार कर लें कि क्या वह जमीन सरकार द्वारा भूमि अधिग्रहण के अन्तर्गत तो नहीं आई है। सरकार का मास्टर प्लान भी पढ़ें और महत्त्वपूर्ण बात यह कि आप इस बारे में डिस्ट्रिक्ट टाउन प्लानर के कार्यालय में भी जाएं और अपने द्वारा प्रस्तावित खरीदे जाने वाली जगह की पूर्ण रूप से तहकीकात करें।

मेरा मानना है कि आपका लक्ष्य अपने पैसे के नियोजन से समृद्धि पाने का है, तो निश्चित रूप से आपका लक्ष्य पूर्ण होगा। अगर आप परिवार के सभी व्यक्तियों के नाम से निवेश करें तो आयकर कानून के अन्तर्गत आयकर बचाकर ज्यादा समृद्धि कर सकते हैं। जब हम चर्चा करते हैं स्टॉक मार्केट में निवेश की तो इसमें कोई शक नहीं है कि आपके लिए स्टॉक मार्केट में निवेश एक अच्छा विकल्प है। जब आपका लक्ष्य निवेश के द्वारा समृद्धि प्राप्त करने का है तो निश्चित रूप से आप स्टॉक मार्केट में भी निवेश करें और इस बात का ध्यान रखिए कि क्या आपके पास ढेर सारा समय है, ताकि आप बाजार की उथल-पुथल को समझ सकें और सोच-समझकर स्टॉक मार्केट में निवेश कर

सकें। अगर आपका उत्तर हाँ है तो अति उत्तम और अगर आपका उत्तर ना है तो ऐसे में कदापि स्टॉक मार्केट में कदम न रखें केवल म्यूचुअल फंड में निवेश करें। म्यूचुअल फंड का निवेश ही आपको ढेर सारे फायदे दिला पाएगा और लम्बे समय तक आप म्यूचुअल फंड के निवेश में भी टिके रहेंगे। ऐसे में आप अपने लक्ष्य को साकार होता हुआ देख पाएंगे।

आप स्टॉक मार्केट का एक और लाभ ले सकते हैं और वह है स्टॉक मार्केट के अन्दर निवेश करना। विशेष तौर से सरकारी कंपनियों के शेयर आदि में अगर आप निवेश करें तो आपका फायदा होगा। सबसे बड़ी बात यह है कि आपकी समृद्धि का लक्ष्य निवेश करने से उस समय पूरा होगा, जब आप वास्तविक रूप से लम्बे समय तक अपने निवेश के साथ चिपके रहेंगे। जी हां, आपने अगर शेयर मार्केट में निवेश किया और कोई नया शेयर सरकारी कंपनियों का निकला तथा आपने उसमें निवेश किया तो आप उस शेयर के साथ लम्बी अवधि के लिए चिपके रहें, तभी आपका समृद्धि का लक्ष्य पूरा होगा।

अगर आप चाहते हैं कि अब आपकी स्वयं की ही नहीं, बल्कि आने वाली पीढ़ी की भी समृद्धि हो तो ऐसे में आप बेधड़क अपने परिवार के सबसे कम उम्र वाले व्यक्तियों के नाम में एक खाली प्लॉट खरीदकर डाल दें। आप देखेंगे इस छोटे-से और सीधे-साधे तरीके से किए हुए निवेश की समृद्धि सबसे ज्यादा होगी। आपको बात विचित्र लगेगी, किन्तु सच तो यह है कि अगर ज़िन्दगी में आपने अपने निवेश के द्वारा समृद्धि पाने का लक्ष्य रखा है तो निश्चित रूप से आप आज ही एक खाली प्लॉट में निवेश करें और देख लें अपनी ही ज़िन्दगी में उसका भरपूर लाभ।

15

रिटायरमेंट प्लानिंग का लक्ष्य

'रिटायरमेंट के बाद अपका सबसे महत्त्वपूर्ण लक्ष्य परिजनों के साथ सुख-चैन की जिंदगी होना चाहिए, न कि धन एवं भोग की लिप्सा!'

मैं ढेर सारी बड़ी-बड़ी कंपनियों के अफसरों के लिए साल में कई रिटायरमेंट प्लानिंग के प्रोग्राम करता हूँ और तब बड़ा दुःख होता है, जब मैं पाता हूँ कि ज्यादातर व्यक्ति अपनी रिटायरमेंट प्लानिंग के बारे में कोई भी विचार या सोच नहीं रखते। उनमें से ज्यादातर व्यक्ति जो मुझे सेमिनारों में मिले और उनसे मैंने चर्चा की तो हमेशा उन्हें मायूस ही पाया। मुझे ज्यादातर व्यक्ति अपने रिटायरमेंट को लेकर रोमांचित नहीं लगते थे और न ही रिटायरमेंट से सम्बन्धित अपनी परिकल्पना के बारे में सोचते थे। यदि आप अपनी रिटायरमेंट प्लानिंग के बारे में अपना कुछ लक्ष्य बना लें तो आपका फायदा ही होगा। मैं अपने पाठकों को बताना चाहूंगा कि चाहे वे नौकरी करते हुए 60 साल के हो गए हैं, रिटायर तो उन्हें होना ही पड़ेगा। इसी प्रकार आप व्यापार अथवा व्यवसाय में लगे हुए हैं और आपकी उम्र ज्यादा हो गई तो आपको रिटायरमेंट के बारे में कुछ विचारबिन्दु रखने ही होंगे, कुछ-न-कुछ सोचना ही होगा। ऐसे में सवाल आता है रिटयारमेंट प्लानिंग का लक्ष्य।

मैं चाहूंगा कि हमारे सभी पाठक विशेष तौर से ऐसे पाठक जिनकी उम्र 50 वर्ष पार कर चुकी है, वे निश्चित रूप से एक रविवार को चुपचाप शांति से बैठकर अपनी ज़िन्दगी के रिटायरमेंट के लक्ष्य के बारे में सोचें, चिंतन करें। रिटायरमेंट के लक्ष्य को निर्धारित करने के लिए सबसे पहले यह तय करना है

कि रिटायरमेंट के पश्चात् हमारी क्या करने की इच्छा है। हमारा लक्ष्य पूर्ण रूप से स्पष्ट होना चाहिए कि रिटायरमेंट के बाद हमें कोई काम करना है या नौकरी करनी है। जब आप यह सोचेंगे तो कोई भी व्यक्ति आपको इसका उत्तर नहीं दे पाएगा। यह उत्तर आपको स्वयं ही सोचना पड़ेगा। मेरा रिटायरमेंट प्लानिंग का लक्ष्य क्या है– मैं नौकरी करूं या नहीं? इस बारे में हमारा मत तो यह है कि रिटायरमेंट के पश्चात् जब तक आपको पैसों की बहुत जरूरत नहीं है, तब तक नौकरी नहीं करें। नौकरी करके आपने बहुत पैसा कमाया। अब ऐसे में रिटायरमेंट के पश्चात् भी आप काम करना चाहोगे तो कोई ज्यादा फायदे की बात नहीं है। अगर आप रिटायरमेंट के बाद भी किसी नौकरी या काम के बारे में सोचने लगे तो ऐसे में आप पूर्ण रूप से ज़िन्दगी का आनन्द लेने से वंचित हो जाएंगे। इसलिए जब तक पैसों की बहुत ज्यादा जरूरत नहीं हो, ऐसे में रिटायरमेंट के पश्चात् पुनः नौकरी करने की प्रक्रिया को ताक पर रख दें। हां, अगर आपकी जरूरत पारिवारिक मामलों की वजह से है तो ऐसे में नौकरी तो करनी ही पड़ेगी, दूसरा कोई उपाय नहीं है।

रिटायरमेंट के पश्चात् ध्यान रखें कि अगर आपने नौकरी करने का लक्ष्य अपना लिया तो ऐसी नौकरी की तलाश करें, जहां पैसे भले ही कम मिल, पर कमरतोड़ मेहनत न हो। आपने कमरतोड़ मेहनत ज़िन्दगी में बहुत कर ली। अगर आप रिटायरमेंट के बाद अपना समय बिताने के लिए कुछ करना चाहते हैं तो ऐसे में आपके लिए बेहतर विकल्प यह होगा कि किसी सामाजिक संस्था आदि से जुड़ जाएं और वहां पर अपना समय दें। उदाहरण के लिए, आर्य समाज, मंदिर, गुरुद्वारा, वेलफेयर एसोसिएशन आदि में अपना समय दें। ऐसा करने से आप मानसिक रूप से चुस्त रहेंगे, सुस्ती दूर रहेगी और आपको ज़िन्दगी में कुछ लोगों की मदद करने का मौका भी हासिल होगा और आपका समय भी अच्छा कट जाएगा। रिटायरमेंट के पश्चात् आपका लक्ष्य यह भी होना चाहिए कि आप ज्यादा-से-ज्यादा समय अपने परिवार वालों के साथ बिताएं, विशेष तौर से पत्नी एवं परिवार के अन्य सदस्यों के साथ। ऐसे में आप लम्बी छुट्टी लेकर पत्नी के साथ देशाटन का कार्यक्रम बनाएं, जो बहुत जरूरी है। इससे आपको एक अलग तरह की आत्मशांति और सुख मिलेगा। आपको लगेगा कि आपके रिटायरमेंट के बाद का लक्ष्य अच्छी तरह से हासिल हो रहा है। धार्मिक स्थानों आदि में भी जाने का विकल्प न छोड़ें, यह भी आपकी ज़िन्दगी के लक्ष्य का हिस्सा होना चाहिए।

रिटायरमेंट के पश्चात् अब समय आ गया है कि आपके द्वारा अलग-अलग जगह पर जो निवेश किया गया है, उसको भी इकट्ठा करने का कार्यक्रम हाथ में लें। यह भी आपके लक्ष्य का बहुत ही महत्त्वपूर्ण पहलू है। अतः आपने अलग-अलग शहरों में जो संपत्तियां अब तक बनाई हुई हैं या अलग-अलग जगह पर निवेश कर रखे हैं, उन सभी निवेशों को मिलाकर, इकट्ठा कर लेना चाहिए। अतः आप अपना लक्ष्य यह बनायें कि रिटायरमेंट के बाद आपके निवेश को सीधा-सादा रखा जाए, ताकि आने वाले समय में परिवार के अन्य सदस्य, जब जरूरत पड़े तो उन संपत्तियों की अच्छी तरह निगरानी में रख सकें।

अगर आपका अपना मकान है और पैसे की कमी है और ऐसे में आपका रिटायरमेंट हो जाए तो आपका लक्ष्य होगा कि रिटायरमेंट के पश्चात् मैं अपना जीवनयापन कैसे करूं। उस लक्ष्य को पूरा करने के लिए रिवर्स मॉरगेज आपकी मदद करेगा। यह एक ऐसा विकल्प है जिससे बैंक के द्वारा आप अपनी संपत्ति को यहां तक कि अपने रहने वाले मकान को बैंक के पास गिरवी रखकर प्रतिमाह घर का खर्चा आदि चलाने की सुविधा प्राप्त कर सकते हैं। जब आप अपने रिटायरमेंट की प्लानिंग कर रहे हैं तो निश्चित रूप से रिवर्स मॉरगेज का लाभ लेने को भी अपनी ज़िन्दगी का लक्ष्य बना लें, ताकि जब अपने पास पैसे नहीं हों तो अपने रिश्तेदारों, बच्चों आदि के सामने हाथ फैलाने की बिल्कुल जरूरत न पड़े। यह एक ऐसा नया विकल्प है, जो आपके लक्ष्य को पूर्ण करने में मदद करेगा अर्थात् रिटायरमेंट के पश्चात् आनन्दपूर्वक रहने वाले लक्ष्य को पूरा करने का सपना साकार करेगा। आप किसी भी बैंक से संपर्क करें, वे आपको रिवर्स मॉरगेज के बारे में संपूर्ण जानकारी दे देंगे।

रिटायरमेंट के पश्चात् आपके पास जब समय है तो थोड़ा समय निकालकर अपनी पत्नी को पैसे आदि से संबंधित बातों की जानकारी दें। यह आपकी ज़िन्दगी का रिटायरमेंट प्लानिंग का लक्ष्य होना चाहिए। आपकी पत्नी अब तक घरेलू रही है। घर के काम-काज के अलावा कुछ भी नहीं जानती, ऐसे में आपकी ड्यूटी बनती है कि आप पत्नी को बैंक आदि के कार्यों में रुचि दिलाएं, संपत्ति और शेयर आदि में जो निवेश किए हुए हैं, उस बारे में भी पत्नी को जानकारी दिलाएं। इससे जब कभी कोई अनहोनी हो जाए या परेशानी अथवा या बीमारी हो जाए तो पत्नी घर-गृहस्थी बिना किसी बड़ी परेशानी के संभाल सकती है। अतः यह भी आपकी रिटायरमेंट प्लानिंग का लक्ष्य होना चाहिए।

रिटयारमेंट प्लानिंग का अंतिम लक्ष्य यह होना चाहिए कि किस प्रकार हम अपनी संपत्तियों को अपने जाने के पश्चात् बांटने का विकल्प देखें। इसके लिए सबसे उत्तम बात यह है कि आप रिटायरमेंट के पश्चात् अपनी वसीयत बनाने का लक्ष्य रखें। अब अपनी वसीयत के द्वारा ही परिवार के अन्य लोगों को अपनी संपत्ति, मृत्यु के पश्चात् देने के कार्य को संपादित करने का कार्यक्रम बनाएं।

अब जब आपका रिटायरमेंट आ ही गया तो आपका सबसे महत्त्वपूर्ण लक्ष्य यह होना चाहिए कि आप ज़िन्दगी का लुत्फ़ कैसे लें। अब तक ज़िन्दगी में भाग-दौड़ की वजह से हो सकता है कि आप अपनी ज़िन्दगी अपने हिसाब से नहीं जी पाए हों। ऐसे में कम-से-कम अब तो समय आ गया है कि आप उस तरह से जिएं जैसे आप चाहते हैं। उदाहरण के लिए, अगर आपकी इच्छा आध्यात्मिकता में है तो जहां आध्यात्मिक प्रवचन हो रहे हैं, वहां जाकर सुनें या टी.वी. पर देखें। इसी प्रकार अगर आपकी इच्छा सेवा के कार्यों में है तो समाजोपयोगी सेवाकार्यों में भी बढ़-चढ़कर हिस्सा लें। इसी प्रकार अगर आपकी रुचि किताबें आदि पढ़ने में रही है तो अब समय आ गया कि रिटायारमेंट के पश्चात् जब अपना लक्ष्य निर्धारित करें तो उसमें यह भी रख लें कि मुझे लाइब्रेरी में जाकर ढेर सारी किताबें पढ़नी हैं। किताबें पढ़ने के लिए आपको किताबें खरीदने की जरूरत नहीं है। जरूरत है तो केवल लाइब्रेरी में जाकर अध्ययन करने की।

आप सफलता के लिए रिटायरमेंट प्लानिंग के बाद के लक्ष्य को कागज पर लिख डालें और उन्हें पूरा करने की सोचें। कुल मिलाकर आपकी रिटायरमेंट प्लानिंग इस प्रकार होनी चाहिए कि रिटायरमेंट के पश्चात् आनन्द वाले कार्य करने के लिए जब भी समय मिले तो उन्हें सम्पादित करने के लिए योजना बनाएं। यही आपका पहला लक्ष्य होना चाहिए और दूसरा लक्ष्य यह होना चाहिए कि आप अपने पैसे का इस प्रकार नियोजन करें कि आपको रिटायरमेंट के पश्चात् परेशानी का सामना न करना पड़े।

16

कंट्रोल मस्तिष्क का, लक्ष्य ज़िन्दगी का

'अगर आपका मस्तिष्क आपके कंट्रोल में रहेगा तो आप अपने लक्ष्य को सफलतापूर्वक प्राप्त कर पाएंगे।'

जब आप ज़िन्दगी के लक्ष्य बनाने की तरफ अग्रसर हो रहे हैं तो सबसे पहले महत्त्वपूर्ण कंट्रोल जिस चीज का होना जरूरी है, वह है आपका मस्तिष्क। जी हां, मस्तिष्क का कंट्रोल अगर आप सफलतापूर्वक कर पाएंगे तो आपको अपने संपूर्ण लक्ष्य की प्राप्ति के लिए जरा-सी भी परेशानी नहीं होगी। अतः मस्तिष्क को कंट्रोल में रखने के कार्य को ज़िन्दगी के लक्ष्य का ही प्रारूप मानें तो बेहतर होगा।

करीब 35 वर्ष पुरानी एक बात मुझे याद आ रही है जब मुम्बई में स्वामी मुक्तानन्द जी ने पाँच सितारा होटल में एक दो दिवसीय संगोष्ठी का आयोजन किया। संगोष्ठी का नाम था कंट्रोल ऑफ माइंड। मैंने जब यह पढ़ा तो मन-ही-मन सोचने लगा कि आखिर कंट्रोल ऑफ माइंड संगोष्ठी में कौन आएगा, क्यों आएगा और क्या लाभ होगा आने वालों को? मेरे मस्तिष्क में बार-बार यह विचार आ रहा था कि बड़ी ही आध्यात्मिक प्रवृत्ति वाले स्वामी मुक्तानन्द जी ने जिनका गणेशपुरी में बहुत बड़ा आश्रम है, इस जटिल विषय पर संगोष्ठी क्यों रखी। कंट्रोल ऑफ माइंड तो अपना ही है, उसमें कौन-सी ऐसी बातें हैं जिनका ध्यान रखा जाए?

आज 35 वर्ष के बाद मैं इस विषय पर जब सोचता हूँ तो मुझे लगता है कि कितना अनाड़ी था मैं उस समय। मैंने सोचा कि कंट्रोल ऑफ माइंड कोई विषय ही नहीं है जिस पर संगोष्ठी की जाए, परन्तु सच तो यह है कि ज़िन्दगी के लक्ष्य को सफलतापूर्वक पाने के लिए कंट्रोल ऑफ माइंड का सहारा लेंगे, तभी ज़िन्दगी का लक्ष्य पूरा होगा। जो लोग अपने ही मस्तिष्क को

कंट्रोल करने की बात नहीं मानते, ऐसे व्यक्तियों का लक्ष्य इधर-उधर बिखर जाता है और उन्हें अंत में लक्ष्यहीन ज़िन्दगी बितानी पड़ती है। आज अगर आप यह सोच लें कि अपने मस्तिष्क को कंट्रोल करके ही अपने लक्ष्य को प्राप्त करेंगे तो आपको इसमें कामयाबी जरूर मिलेगी।

अपने मस्तिष्क को कंट्रोल नहीं करने की वजह से ही हम देखते हैं कि छोटे-मोटे झगड़ों में ही जान चली जाती है। जब छोटे-मोटे झगड़े आपके मस्तिष्क को कंट्रोल में नहीं रहने देते तो पति-पत्नी का विवाह विच्छेद हो जाता है। अगर आप अपने मस्तिष्क को कंट्रोल में रखेंगे तो निश्चित रूप से लक्ष्य प्राप्ति में मदद मिलेगी। आपने ज़िन्दगी का जो लक्ष्य निर्धारित कर लिया, वह तभी पूर्ण रूप से सफलतापूर्वक संपन्न हो सकता है, जब आप अपने मस्तिष्क को काबू में रखें। कंट्रोल ऑफ माइंड की प्रक्रिया को अपनाने से ही ज़िन्दगी का लक्ष्य उभरकर आएगा, संपन्न हो जाएगा और मन को शांति देगा।

पाठकों के मन में यह बात आ रही होगी कि माइंड को कंट्रोल कैसे किया जाए? आप अगर केवल जप का सहारा लें, नित्य प्रतिदिन किसी भी नाम को लेकर दस-पन्द्रह मिनट जप करते रहें तो आपका मस्तिष्क एकाग्रचित्त हो जाएगा और कंट्रोल किए हुए मस्तिष्क के हिसाब से अपना कार्य करेगा। इसी प्रकार कम-से-कम पांच से लेकर पन्द्रह मिनट तक रोज अगर आप शांति से ध्यान करें तो भी आपके मस्तिष्क को एकाग्रता पाने में मदद मिलेगी। इसी प्रकार अगर आप महीने में एक बार 24 घंटे का मौन कर लेंगे तो भी आपका मस्तिष्क विकृतियों एवं दूषित भावनाओं से हटकर केवल आनन्द वाला, शांत मस्तिष्क बन जाएगा और पूर्णतः आपके कंट्रोल में रहेगा।

अगर आपका मस्तिष्क आपके कंट्रोल में रहेगा तो आप अपने लक्ष्य को सफलतापूर्वक प्राप्त कर पाएंगे। अतः अपनी सफलता के लिए आप अपने मस्तिष्क को हमेशा कंट्रोल में रखें। कई बार हम देखते हैं कि छोटी-सी बात पर कोई व्यक्ति घबरा उठता है या छोटी-सी बात पर लड़ने लग जाता है या छोटी सी बात पर गाली-गलौज पर उतर जाता है अथवा छोटी-सी बात होने पर ही लड़ाई और मार-पीट तक करने लगता है। यह सब केवल इसलिए होता है कि आपने अपने मष्तिष्क को कंट्रोल करके नहीं रखा। अतः यदि आप अपने मस्तिष्क पर लगाम लगाने के लिए कंट्रोल ऑफ माइंड का सहारा लेकर सही कार्य निष्पादित करेंगे तो निश्चित रूप से आपके कार्य संपन्न होते जाएंगे और आपके द्वारा निर्धारित लक्ष्य की श्रृंखला भी शीघ्र ही पूर्ण होती जाएगी।

17

लक्ष्य प्राप्ति हेतु अपमान एवं निंदा से अविचलित रहें

'अगर आप जिंदगी में सुख और शांति पाना चाहते हैं तथा ज़िंदगी का भरपूर लुत्फ़ लेना चाहते हैं तो अपमान और निंदा को अपनी कार्य प्रणाली पर हावी न होने दें।

अपने लक्ष्य की प्राप्ति के लिए प्रतिपल इस बाद का ध्यान रखना चाहिए कि अपमान एवं निंदा को ज़िंदगी में कभी भी हावी नहीं होने दें। अगर आप ज़िंदगी में सुख और शांति पाना चाहते हैं और ज़िन्दगी लुत्फ़ लेना चाहते हैं तो यह बात अवश्य ध्यान रखें कि अपमान एवं निन्दा को अपनी कार्य प्रणाली पर हावी न होने दें। जो व्यक्ति आपकी निंदा करते हैं अथवा आपका अपमान करते हैं, उनके प्रति भी समभाव रखने से केवल आपका ही लाभ होगा। ऐसे व्यक्तियों के प्रति द्वेष रखने से आपका मन मलिन होगा और आप अनेक प्रकार की बीमारियों से ग्रस्त हो जाएंगे।

जब आपको अपने ही करीबी रिश्तेदारों, परिजनों एवं दोस्तों से किसी बात पर अपमान सहना पड़ता है अथवा आपको नीचा दिखाने के लिए कोई व्यक्ति अपमानित कार्यवाही करता है जो आपको अपमानजनक महसूस हो, उस समय आपका चेहरा तिलमिलाने लगता है और आप आपा खो देते हैं। आप अपने मस्तिष्क को अपने वश में नहीं कर पाते और अन्त में केवल नुकसान आपका ही होता है। अगर आपका आध्यात्मिकता की तरफ थोड़ा-सा भी रुझान है तो आप पाएंगे कि जब कभी कोई व्यक्ति आपका अपमान करे अथवा आपकी निन्दा

करे, उन सभी अवस्थाओं में बिना विचलित हुए आपका जो अपमान अथवा निन्दा की गई, उसे अपने दिल पर अथवा शरीर पर कदाचित नहीं लगने दें।

जरा सोचें कि मेरे शरीर में सबसे महत्त्वपूर्ण अंश मेरी आत्मा है और अगर निन्दा और अपमान मेरी आत्मा को छू ही नहीं सकते तो ऐसी अवस्था में मेरे ऊपर कोई भी असर नहीं होने वाला है। ऐसा विचार सख्ती से बनाएं। हो सकता है, प्रारम्भ में ऐसे विचारों को ग्रहण करने की शक्ति न हो, परन्तु प्रभु स्मरण करके अगर आप ऐसा सोचेंगे तो निश्चित रूप से आप पाएंगे कि आप ऐसे दिव्य पुरुष बनते जा रहे हैं कि लोगों द्वारा किए गए अपमान और निन्दा का आप पर कोई भी असर नहीं हो रहा है। उस समय आप यह मानने लगेंगे कि अगर कोई अच्छा या बुरा असर होता तो मेरी आत्मा पर होता, परन्तु मेरी आत्मा जो सूक्ष्म रूप में मेरे ही अन्दर है। उस पर किसी भी प्रकार से अपमान एवं निन्दा का असर ही नहीं होता है, तब मैं ऐसा मूर्ख क्यों बनूं? क्यों अपमान एवं निन्दा को अपने दिल तक ले जाऊँ और क्यों उससे होने वाले नुकसान का शिकार बनूं?

मेरा यह मानना है कि अगर आप सख्ती से इस बात को बार-बार सोचेंगे तो निश्चित रूप से प्रभु-कृपा के सहारे हम अपने साथ होने वाले अपमान, अप्रिय व्यवहार और अनादर को ऐसे सहन कर लेंगे कि अनादर करने वाले व्यक्ति भी चकरा जाएंगे। उस अपमान अथवा अनादर को अगर हम ग्रहण ही नहीं करें तो हमारे शरीर और मन पर किसी प्रकार का प्रतिकूल प्रभाव पड़ने वाला नहीं है। यह बात बार-बार विचार करें और तब आप पाएंगे कि अगर आपने लोगों द्वारा, रिश्तेदारों द्वारा, सभा-समाज के व्यक्तियों द्वारा अपने बारे में अपमानजनक बात और निन्दा सुनी और सुन रहे हैं तो आपके ऊपर कोई भी असर नहीं होगा और न ये गतिविधियां आपके शरीर को खराब करेंगी। बार-बार एक ही विचार पर ध्यान रखें कि मेरी आत्मा पर जब इसका असर नहीं हो रहा है तो मुझे ऐसी बातों की क्या परवाह है, जिन्हें अगर मैं ग्रहण करूं तो मेरे स्वास्थ्य पर प्रतिकूल असर पड़ेगा।

वास्तव में बिना गलती के भी कई बार हमें अपमानित होना पड़ता है और जिन्हें हम अपना सोचते हैं, वे ही किसी बात पर या अहम भाव के कारण हमारे साथ दुर्व्यवहार करते हैं, हमारा अनादर करते हैं जिससे दिल में पीड़ा होती है। उसकी एक अलग तरह की कशिश होती है जिसे वह सहन नहीं करता और प्रतिद्वंद्विता की आग में जलता रहता है। इसमें सीधा नुकसान उसी का होता है।

अत: हमें चाहिए कि हम इसी बात का ध्यान रखें कि मेरी आत्मा सबसे महत्त्वपूर्ण है और जब इस आत्मा पर किसी के अपमान एवं निन्दा का असर नहीं हो रहा है तो मैं क्यों किसी के द्वारा किए गए अपमान अथवा निन्दा की परवाह करूं? हाँ, समय-समय पर आत्मचिंतन अवश्य करना चाहिए और यह सोचना चाहिए कि अगर उसके द्वारा किया गया कार्य अपमानजनक या निन्दाजनक है, तो अपने आपको निश्चित रूप से सुधारना चाहिए।

जब आत्मनिरीक्षण से यह पता चले कि किसी भी प्रकार से हमारी गलती ही नहीं है, परन्तु लोग हमें गलत समझकर हमारा अपमान कर रहे हैं, हमारी निन्दा कर रहे हैं, हमारे अपने ही परिजन हमें आदर-सम्मान नहीं दे रहे हैं, तो ऐसी बातों को अपने दिल से नहीं लगाना चाहिए, तब आप पाएंगे कि वास्तव में आपका मन निर्मल है। यदि आप निर्मल व आनंद वाणी अपनाने का कार्यक्रम जारी रखेंगे तो पाएंगे कि वास्तव में समस्या किसी भी प्रकार की नहीं है। इस प्रकार आज और आने वाला कल हमेशा स्वर्णिम ही होता जाएगा और आपके लिए आशा की एक नई किरण देता जाएगा। आप प्रतिदिन जीवन की मौज और मस्ती का भरपूर लाभ लेते जाएंगे।

18

लक्ष्य के साथ पाएं आनन्द की लहर

'कार्य (लक्ष्य) के बिना रहना ईश्वर की चोरी है। मैं भीतरी या बाहरी आनंद का दूसरा कोई रास्ता नहीं जानता।'

–महात्मा गांधी

लक्ष्य हमें ही पूरा करना है, इसमें कोई शक नहीं है। लक्ष्य को पाने के साथ-साथ एक बात जरूर याद रखिए कि अपनी ज़िन्दगी में लक्ष्य के साथ-साथ आनन्द की लहरों को भी आने दें।

सच्चे आनन्द की प्राप्ति प्रत्येक मनुष्य का लक्ष्य है, परन्तु दैनिक दिनचर्या में ज्यादातर व्यक्ति ऐसे फंसे रहते हैं कि न तो वे सच्चा आनन्द प्राप्त कर पाते हैं और न ही सच्चा आनन्द किसी को प्रदान कर पाते हैं। अगर आप सच्चे आनन्द की लहर का वास्तविक आनन्द दैनिक दिनचर्या में चाहते हैं तो छोटी-छोटी अच्छी बातों की तरफ अग्रसर हों। छोटे-छोटे कार्य करने से जो आनन्द की प्राप्ति होती है, उसकी कल्पना अनुभव ही की जा सकती है, बताई नहीं जा सकती। इसी प्रकार अन्य व्यक्तियों द्वारा किए जाने वाले छोटे-छोटे कार्य, जिनसे उन्हें आनन्द मिलता है, उनकी तरफ भी अपनी दृष्टि रखें, तब आप देखेंगे कि आपको असीम आनन्द प्राप्त हो रहा है।

मैं रोज सवेरे देखता हूं कि एक साधारण-सा व्यक्ति प्लास्टिक के लिफाफे में आटा लिए घूमता रहता है। एक दिन मैंने उस व्यक्ति का पीछा किया। काफी देर बाद उसके पीछे-पीछे चलने पर मैंने जो दृश्य देखा, उससे मेरा बदन सिहर

उठा। मुझे एक अजीब तरह के आनन्द की अनुभूति हुई। वह व्यक्ति सवेरे-सवेरे प्लास्टिक की थैली में आटे को लेकर जगह-जगह सड़क पर, जहां कहीं भी चीटियां थीं, उन्हें आटा परोस रहा था। बात तो है छोटी-सी, पर इसे मैं जब कभी भी याद करता हूं तो आनन्द की एक लहर सारे शरीर में दौड़ जाती है। मैं ऐसे ही छोटे-छोटे कार्यों से प्रेरणा लेता हूं जिससे मुझे आनन्द की प्राप्ति होती है। आखिर ज़िन्दगी का उद्देश्य भी सात्विक आनन्द ही तो है।

ऐसे ही करीब 5 साल पहले तमिलनाडु के एक छोटे-से शहर में मैं और मेरे पिताजी शाम को एक बड़े मंदिर के पास बैठे इडली-वडा खा रहे थे। मुझे उस समय होटल के बाहर बैठे एक अति वृद्ध व्यक्ति का चेहरा दिखाई दिया। वह होटल के बाहर बैठा था, कुछ बोल भी नहीं रहा था, परन्तु, मुझे ऐसा लगा जैसे वह मुझसे मन-ही-मन बातें कर रहा है। मैंने उस व्यक्ति को होटल के अंदर बुलाया और उसके लिए एक बड़ा डोसा ऑर्डर किया। कल्पना कीजिए, जब वह व्यक्ति उस डोसे को खा रहा था तो उसकी आंखों की चमक, चेहरे की प्रसन्नता और मौन आशीर्वचन जो मुझे प्राप्त हो रहे थे, उन्हें देखकर मुझे आनन्द की अनूभूति हुई। वास्तव में चाहे हम किसी की छोटी ही मदद क्यों न करें, पर अगर निःस्वार्थ भाव से किसी की मदद करें तो निश्चित रूप से वह कार्य हमें आनन्द की लहर प्रदान करेगा।

मैं फरीदाबाद के सरकारी कार्यालय में किसी कार्य के लिए गया था। जब मैं कार्य समाप्त करके पार्किंग में खड़ी अपनी गाड़ी में बैठने के लिए गया तो देखा कि एक छोटा परिवार जिसमें एक पुरुष, एक स्त्री और साथ में एक छोटा-सा बच्चा था, वे किसी से बात कर रहे थे, पर उनकी आंखें गीली थीं। वे रोते-रोते बात कर रहे थे। पार्किंग वाले को मैंने पार्किंग की फीस दी, गाड़ी बाहर निकाली और उन लोगों के पास पहुंचा। मैंने उनके रोने का कारण पूछा तो पता चला कि वे लोग किसी से मिलने फरीदाबाद से आगे जा रहे थे, रास्ता भूल गए, बस वाले ने उन्हें गलती से वहीं उतार दिया। उन्हें बस का रास्ता नहीं मालूम और न ही उनके पास पैसे हैं जिससे वे बस से अपने गन्तव्य स्थान पर जा सकें। मैंने पास ही में देखा कि कुछ चतुर्थ श्रेणी के कर्मचारी आपस में बात कर रहे थे कि देखो, बेचारे रास्ता भूल गए हैं। अरे भई, दफ्तर तो अपना बंद होने वाला है, पर चन्दा इकठ्ठा करके किसी तरह इस व्यक्ति को दो सौ रुपये दे दो। इससे ये अपने परिवार के साथ आगे बस की यात्रा करके अपने गांव तो पहुंच जाएंगे।

मेरे मन में विचार आया कि मैं स्वयं तो उस व्यक्ति की दु:खद गाथा सुनकर गाड़ी में बैठा हुआ हूं और आर्थिक रूप से मुझसे कई गुना कमजोर चतुर्थ श्रेणी के कर्मचारियों में इतनी दया है कि ये लोग सोच रहे हैं कि सब लोग 10-15-20 रुपये इकट्ठे करके इस व्यक्ति की मदद करें। अचानक मेरे मन में ख्याल आया कि यह सेवा का कार्य मैं ही क्यों न कर दूं। मैंने जेब से दो सौ रुपये निकाले और उस व्यक्ति को दे दिए। इस बात को जब भी मैं याद करता हूं तो मेरे मन में आनन्द की लहर उठती है। विशेष रूप से मैंने उस व्यक्ति की मदद की, जिसे मैं जानता ही नहीं हूं और उसे किस गांव जाना, मैंने उससे यह भी नहीं पूछा। जब हम नि:स्वार्थ सेवा भाव से किसी की मदद करते हैं, तभी हमें आनन्द की लहर का सच्चा ज्ञान होता है।

कोलकाता के बड़ा बाजार इलाके में एक समृद्ध परिवार रहता है। उस परिवार के मुखिया अपने एक करीबी रिश्तेदार को गर्मियों के दिनों में फ्रिज से बर्फ के गोले थर्मस में भेजते हैं। वे ऐसा कई सालों से करते आ रहे हैं। बात तो छोटी-सी है, पर जब मैं यह प्रत्यक्ष देखकर आनन्द की अनुभूति करने लगा कि आज भी ऐसे व्यक्ति हैं जो नि:स्वार्थ सेवा भाव से दूसरों की मदद करते हैं। वास्तव में इसी भाव से सच्चे आनन्द की प्राप्ति संभव है।

गागर एक परिचारिका के रूप में समृद्ध परिवार में घर का छोटा-मोटा काम करती थी और विशेष रूप से उसके जिम्मे था सुधीर और सुनील नाम के दो बच्चों की परवरिश करना। दोनों बच्चे उसके सामने ही बड़े हुए। आज ये बच्चे कोई 16-17 साल के हैं। वास्तव में गागर घर की एक मामूली-सी नौकरानी है, परन्तु उसे इन बच्चों से बड़ा लगाव है। मेरे मन में तब आनन्द की लहर दौड़ गई, जब एक दिन मैंने देखा कि गागर बीमार है तथा सुनील और सुधीर दोनों बच्चों ने बुखार से पीड़ित गागर की खूब तन-मन से सेवा की। जहां सुनील गागर के सिर में बाम लगा रहा था तो वहीं सुधीर गागर के पैर दबा रहा था। मुझे यह दृश्य देखकर आश्चर्य हुआ, मन को विश्वास नहीं हुआ कि जो मैं देख रहा हूं क्या वह सत्य है। साधारणत: समृद्ध परिवार के बच्चे अपने नौकर-चाकर की इज्जत करना तो जानते ही नहीं। इन्सान को इन्सान समझना ऐसे बच्चों ने सीखा ही नहीं, परन्तु आज ऐसा मनोरम दृश्य देखकर मन में आनन्द की लहर दौड़ गई। हम भी क्यों नहीं अपने परिवार के बच्चों को सहानुभूति व परसेवा का सबक सिखाएं जिसका वे अपने जीवन में पालन कर पाएं।

19

शांत व्यवहार लक्ष्य पाने का साधन

'अगर आप शांत रहने का अभ्यास करते हैं तो फिर निश्चित रूप से आप अपने लक्ष्य को पाने में कामयाब रहेंगे।'

हम बिना गुस्सा किए शांत क्यों नहीं रह सकते? गुस्से की बात पर गुस्सा न होना और शांत रहना ही योग है, महायोग है। जब व्यक्ति गुस्सा रहने की प्रवृत्ति को त्याग देगा अथवा इस पर विजय पा लेगा, तब उसे यह दुनिया कहीं अधिक सुन्दर, प्रिय और लुभावनी प्रतीत होगी। आइए, हम शांत रहने के इस ज्ञान योग में गोता लगाएं और स्वयं अनुभव करें कि हमारा जीवन कितना निर्मल हो गया है। हमें इस दुनिया की प्रत्येक वस्तु में एक अलग ही तरह की ताजगी और प्रफुल्लता प्राप्त होगी। हाँ, आपको शांत रहने की वृत्ति को सफलतापूर्वक अपनाने के लिए कोई विशेष प्रयत्न भी नहीं करना है।

अगर आप शांत रहने की इस प्रवृत्ति को अपनाना चाहते हैं तो सर्वप्रथम महत्त्वपूर्ण बात यह है कि आप एकांत में बैठकर यह आस्था रखें कि मुझे शांत रहना है, मुझे उबाल नही लाना है। अतः एकाग्रचित्त होकर दृढ़ संकल्प के द्वारा आप शांत रहने की वृत्ति अपनाने में विजय प्राप्त कर सकते हैं।

जब आप शांत रहने का मार्ग अपनाना शुरू करेंगे तो आपको यह दुनिया जरा अलग-सी व रंगीन दिखेगी और आपको अधिक आनन्द भी मिलेगा। आपको अपना दैनिक जीवन बड़ा आनंदमय लगेगा और आपके चेहरे पर नई चमक भी आ जाएगी। आप कार्य में नया उत्साह, हृदय में निर्मलता और शीतलता का अनुभव कर सकेंगे, पाचन क्रिया स्वतः ठीक हो जाएगी, खाना पचने लगेगा, छोटे-मोटे रोग अपने आप भाग जाएंगे। यह सभी बिना किसी परिश्रम के, बिना किसी खर्च के, बिना किसी

उपचार के सम्भव हो जाएगा। शांत रहने की प्रवृत्ति को वास्तविक रूप में अमल करने के लिए सबसे महत्त्वपूर्ण बात यह है कि हम अपने अन्दर कठोर संकल्प करें कि हम हर हाल में शांत रहेंगे। अशांत रहना, गुस्सा करना, चीखना-चिल्लाना और झुंझलाना आदि केवल हमारे मन के गुबार को ही परिलक्षित करते हैं। ये हमारी पहचान में एक काला धब्बा हैं और हमारे ओजस्वी चेहरे पर चिंता की रेखाएं बना देते हैं। आइए, आज ही हम संकल्प करें कि हम अब आगे अपना शांत एवं निर्मल स्वभाव बनाएंगे। तब आप पाएंगे कि शांत रहने की परीक्षा में आप पूर्ण उत्तीर्ण हो गए हैं, आपका स्वभाव शांत हो गया है और आपकी पहचान भी अलग होगी। आप अपने आपको नए ही अंदाज में पाएंगे।

अगर आप पूरी लगन व निष्ठा से शांत रहने की इस प्रवृत्ति को अपनाना शुरू करें तो आपको सफलता अवश्य मिलेगी। आपका पारिवारिक सामाजिक अथवा आध्यात्मिक जीवन सभी मंगलमय हो जाएंगे। अगर जरा-सा समय निकालकर और पूर्ण समर्पित होकर आप शांत रहने की आदत डालें तो निश्चय ही सफलता आपके कदम चूमेगी तथा आपको अपनी ज़िन्दगी और अधिक आनन्दमय, मधुर व उत्साहमय प्रतीत होगी। शुरू में जब तक आप शांत रहने की प्रक्रिया में पूर्ण विजय नहीं पाते, तब तक आप रोज एक व्यक्तिगत डायरी में रात्रि को शयनकक्ष में जाने से पूर्व उन सब बातों को लिखें, जो दिन में घटीं और जब आप शांत नहीं रहें। कुछ दिनों के पश्चात् आप पुनः इस डायरी को एकांत में पढ़ें और तब आपको अपने आप पर ही हँसी आएगी कि आपने इतनी छोटी-छोटी बातों पर शांत रहने के स्वभाव को त्याग दिया। आइए, इस मानव जीवन को कहीं अधिक मंगलमय बनाने के लिए शांत रहने की प्रक्रिया शुरू करें। आपको ऐसा करने से इतना लाभ मिलेगा कि आप कल्पना भी नहीं कर सकते।

20

जीवन को रसमय बनाते हुए लक्ष्य हासिल करें

'अगर आप अपनी जिंदगी को रसमय देखना चाहते हैं तो अपने आपसे प्रेम करना होगा, तभी आप अपना लक्ष्य हासिल कर पाएंगे।'

जब आपने अपना लक्ष्य बना लिया तो अब बात यही है कि उस लक्ष्य को जितना जल्दी हो, पूरा करना है। इस दौरान कई बार देखा जाता है कि जीवन नीरस लगने लगता है। इस बात का ध्यान रखिए कि अगर आपको जीवन नीरस लगेगा तो फिर आपको लक्ष्य को प्राप्त करने में असुविधा महसूस होगी। अतः आप अपने जीवन को रसमय बनाते हुए ही लक्ष्य को प्राप्त करने की सोचें।

जवानी आई और चली गई, हम देखते ही रह गए, पता ही नहीं चला। प्रौढ़ावस्था के पदार्पण के साथ-साथ जीवन नीरस लगने लगा है, आखिर क्यों? यही तो है एक ज्वलंत प्रश्न? संपूर्ण मानव समुदाय इसका उत्तर खोज रहा है। भोग की जिंदगी आखिर कितने दिन तक रसमय जीवन दे सकती है? आखिर कितने दिनों तक इस तरह की जिंदगी को जीने वाला व्यक्ति रसमय जीवन की आशा कर सकता है? मोटर गाड़ी, बैंक बैलेंस, जेवरात, जमीन-जायदाद आदि का संचय करने में ही प्रौढ़ावस्था पार हो गई। संचय के दौरान जिंदगी का आनंद लेने का समय नसीब नहीं हो सका। अब यह जिंदगी नीरस लगने लगी है। ऐसा क्या करें कि जिंदगी रसमय हो जाए।

अगर आप अपनी जिंदगी को रसमय देखना चाहते हैं तो सर्वप्रथम अपने आपसे प्रेम करना होगा। जब आप अपने आपसे प्रेम करेंगे तो आपको जीवन

रसमय लगने लगेगा। आधुनिक मानव ने तरक्की तो की है, लेकिन ऐसी कोई दवाई नहीं बनाई जिसे पीने से नीरस जीवन रसमय बन जाए। आप जब अपने आपसे प्यार करने लगेंगे तो आपको लगेगा कि हमें मानव जीवन देकर वन्दनीय परमेश्वर ने हम पर असीम कृपा की है। हम ईश्वर द्वारा दी गई इस कृपा का ऋण तभी चुका सकते हैं, जब प्रत्येक पल रसमय जीवन की ओर अग्रसर हों। बाधाएं आती हैं और आती रहेंगी। पारिवारिक शांति-अशांति चलती रही है और चलती रहेगी। धन आदि से उत्पन्न होने वाली समस्याएं पहले भी थीं, आगे भी रहेंगी, परन्तु ऐसे वातावरण में ही जब आप अपने आपसे प्यार करोगे और नीरस जीवन को रसमय बनाने की चेष्टा में लगना चाहोगे तो देखोगे कि बिना किसी अथक परिश्रम के जीवन रसमय हो गया है।

आप अपने स्वजनों के लिए अपने घर-परिवार के लोगों के लिए थोड़ा समय अवश्य ही निकालें। यह समय उनके साथ तीर्थ स्थान अथवा अन्य दर्शनीय स्थल जाकर बिताएं, तब आप पाएंगे कि जीवन में नीरसता समाप्त होने के आसार नजर आ रहे हैं।

नीरस जीवन को रसमय बनाने के लिए अब समय आ गया कि आप स्वयं अपने आपको छोटे-मोटे कुछ सामाजिक सेवा कार्यों में लगाने के लिए समय दें और साथ ही थोड़ा धन समाज की सेवा में भी लगाएं। इसका यह आशय कदापि नहीं है कि केवल सामाजिक कार्यों में धन लगाने से ही नीरस जीवन को रसमय बनाया जा सकता है। अगर आप अपने मोहल्ले में, अपने क्षेत्र के आस-पास, ज्यादा नहीं तो कम-से-कम समाज सेवा के ऐसे छोटे-मोटे कार्य करें, जिससे एक पखवाड़े में अथवा एक माह में एक व्यक्ति के चेहरे पर हंसी ला सकें। जी हां, दूसरों के चेहरे पर हंसी लाने से ही आपका नीरस जीवन रसमय हो जाएगा। यह वास्तविकता है, जिसे केवल आप अनुभव कर सकते हैं।

मुझे वह दृश्य याद आ रहा है, जब कुछ वर्ष पहले मुझे 50 वर्षीय एक धनाढ्य व्यक्ति मिला, जो मन से दुखी था। इससे उसके नीरस जीवन का पता चल रहा था। जब मैंने उसे बताया कि तुम थोड़ा-सा सेवा कार्य प्रारंभ करो और दूसरे के चेहरे पर हंसी लाने की चेष्टा करो। यह बात उसके मन में जम गई। उसने पास की ही झुग्गी-झोंपड़ी के इलाके में एक पान की दुकान पर जाकर पान खरीदा और उस पान वाले से कहा कि हम हर रविवार को सुबह 9 बजे आपके पास आएंगे। आप किसी एक ऐसे गरीब व्यक्ति को तैयार रखना, जो आर्थिक रूप से तंग हो, चाहे बीमारी की वजह से या बच्चों की पढ़ाई की

वजह से या फिर सर्दी में वस्त्र की वजह से। वह व्यक्ति प्रत्येक रविवार को 9 बजे उस पान वाले की दुकान पर जाता और एक गरीब व असहाय व्यक्ति को 200-300 रुपये की आर्थिक सहायता प्रदान करता और उसके साथ ही उस व्यक्ति के चेहरे की मुस्कान को देखता। यह मुस्कान ही उस सज्जन के नीरस जीवन को रसमय बनाने में सक्षम हो गई। जब आपको समय नीरस लगने लगे तो थोड़ा-सा समय निकालकर मंदिर, मस्ज़िद, गुरुद्वारा, आर्यसमाज अथवा किसी भी धार्मिक संस्थान में अपना पैर रखें और वहां निस्वार्थ सेवा कार्य करना प्रारंभ कर दें। मुझे पूरा भरोसा है कि ऐसे सेवाकार्य से आपका नीरस जीवन एक अतीत बनकर रह जाएगा और आपको रसमय जीवन की अनुभूति साक्षात होने लगेगी।

व्यापार में संबंधियों से धोखे, समाज में सहयोगियों से धोखे, घर-परिवार में स्वजनों से धोखे मिलने से इतने दुखी हो चुके हैं कि आपको संपूर्ण जीवन ही नीरस लगने लगा है। ऐसे में जीवन को रसमय बनाने के लिए भूल जाइए उन बातों को, भूल जाइए उन दिनों को, जब आपको किसी ने छोटा-मोटा या बड़ा धोखा दिया। एक अतीत बीत चुका है। जब तक उस अतीत की परछाइयों को अपने साथ लेकर चलते रहोगे, तब तक आपको अपना जीवन नीरस लगता रहेगा। ऐसे नीरस जीवन को रसमय बनाने के लिए आपको पुरानी बातों को भूलना पड़ेगा, जिसमें धोखों की कहानी छिपी है। अतीत की परछाइयों से उठकर अगर आप थोड़ा-सा प्रभु स्मरण करेंगे तो पाएंगे कि जीवन वास्तव में नीरस नहीं, बल्कि रसमय एवं मधुर लगने लगा है। अवस्था चाहे जो भी हो, रसमय जीवन बनाने के लिए केवल मानसिक अवस्था ठीक होनी चाहिए। आप चाहे किसी भी उम्र के व्यक्ति हों, परन्तु मानसिक रूप से शांत रहने से ही आपको अपना जीवन रसमय लगेगा।

21

भय भगाने का जादू

'जिसे हारने का भय होगा, वह अवश्य हार जाएगा।'

–नेपोलियन बोनापर्ट

जब आपने कोरे कागज पर अपनी ज़िन्दगी का लक्ष्य लिख डाला तो आपके लिए यह लक्ष्य का पन्ना ही आपकी रामायण है, आपकी गीता है और आपका हनुमान चालीसा है। इस लिखे हुए लक्ष्य को बार-बार पढ़ना, मनन करना और लक्ष्य प्राप्ति की तरफ अग्रसर होना ही आपकी ज़िन्दगी का लक्ष्य बन गया है। ऐसे में कई बार भय हमारे मन में घुस जाता है और जब भय मन में बैठ जाता है तो हमें अपने लक्ष्य को पार करने में भी कठिनाइयाँ महसूस होती हैं। कई बार भय की वजह से ऐसा लगता है कि हम अपने लक्ष्य को पार बिल्कुल नहीं कर पाएंगे। ऐसे में मानसिक क्लेश होता है, झुंझलाहट होती है और मन अप्रसन्न हो जाता है। वास्तव में उस समय जब मन में किसी भी प्रकार का भय बैठ जाता है। उसे भगाना जरूरी है, ताकि आप अपने लक्ष्य को लगन और कठिन परिश्रम के द्वारा आसानी से पा सके। अतः हमेशा जब आपको भय लगे तो बिल्कुल चिंता न करें और भगवान पर सारे भय और चिंता वाली बातें डाल दें। ऐसे में आपको लगेगा कि जब प्रभु मेरे साथ हैं तो मुझे किस बात का भय है, फिर आप अपने लक्ष्य तक बड़ी आसानी से पहुंच जाएंगे।

मैंने एक छोटी-सी गिलहरी को सड़क पार करते देखा, वह सड़क पार कर विशाल पेड़ के ऊपर चढ़ने लगी। अलग-अलग टहनियों पर कूदती-फांदती गिलहरी बिल्कुल भी नहीं डर रही थी। थोड़ी देर बाद रात को छत के बरामदे में घुसते समय मैंने देखा, वही गिलहरी छत की दहलीज पर खड़ी होकर

आ-जा रही थी। थोड़ी देर पश्चात् ऊपर चलती हुई वह अदृश्य हो गई और मैं सोचता रहा कि गिलहरी की इस गतिविधि ने मानवों को एक सबक सिखा दिया कि अगर आप कोई भी कार्य करते हो तो भयभीत क्यों होते हो? बिना भय के अपना कार्य करते जाओ। हमारा शास्त्र भी तो हमें अभय ज्ञान ही सिखाता है, फिर भी हम अनेक बार स्वयं को भयग्रस्त पाते हैं।

एक सज्जन पहाड़ी रास्ते पर चलने में इतने भयभीत होते हैं कि जब कभी वे गाड़ी में पहाड़ी पर सफर कर रहे हों तो हमेशा चुपचाप बिना बोले कार की खिड़की को दोनों हाथों से पकड़कर बैठते हैं। उनके हाथ-पैर यात्रा के दौरान ठंडे हो जाते हैं और उनके मुहँ से भय के कारण शब्द भी नहीं निकलते। अगर आप मन में भय को स्थान देंगे तो भयभीत रहेंगे ही, अन्यथा भयभीत रहने की कोई बात नहीं है। अगर कोई व्यक्ति हर समय भयभीत रहे, चिन्ता करता रहे तो उसका प्रतिकूल प्रभाव उसके शरीर पर पड़ता ही है।

हमें चाहिए कि हम भय को भगाने का नुस्खा हर समय याद रखें। इस भय को भगाने का नुस्खा केवल प्रभु स्मरण है। अगर हम नित्य-प्रतिदिन प्रभु के बारे में चिन्तन करें, विचार करें और हर पल प्रभु की महानता को मानते रहें तो हमें इस मानव जीवन में कभी भी भय का सामना नहीं करना पड़ेगा। अपने कर्म करते जाओ, कर्मफल में आस्था न रखो। यदि आपको भगवान की शक्ति पर विश्वास है तो भय कभी पास आएगा ही नहीं। जरा सोचो कि जो कुछ भी आज हो रहा है, वह केवल प्रभु की इच्छा से ही हो रहा है। ऐसे विचार मन में जब तक रहेंगे, तब तक आप भय को अपने पास फटकने भी नहीं देंगे। जिस दिन किसी कार्य को सम्पन्न कराने में अपने 'मैं' का उपयोग करेंगे कि मैंने यह किया, मैं यह कर रहा हूँ, मेरी वजह से ही यह होगा तो आप अपने आपको भय की दुनिया में पाएंगे।

हर पल केवल प्रभु को याद करते जाएँ और प्रभु की शक्ति पर पूर्ण आस्था हो तो हमें कभी भी भय अपने शिकंजे में नहीं ले सकता। यदि आप सच्चे मन से कर्म करते जाएंगे और फल की चिंता नहीं करेंगे तो प्रभु की कृपा से जो फल आपको मिलना चाहिए, वह आपको मिलेगा और आप हमेशा तनाव रहित और भय रहित रहेंगे। अगर भय करना ही है तो गलत कामों से भय करें क्योंकि गलत काम करने पर प्रभु भी कोई सहायता नहीं करता है। प्रभु हर समय मेरे आस-पास है, आप इस बात को जब कभी भी भय की स्थिति आएं, दोहराएँ तो आप पाएंगे कि आपका भय कोसों दूर चला जाएगा।

22

लक्ष्य प्राप्ति के लिए झगड़ा और ईर्ष्या क्यों

'ईर्ष्या अपनी हीनता के बोध में से जन्म लेती है और वह उस हीनता को दूर नहीं करती, केवल दबाती है।'

–जैनेंद्र कुमार

जब आप लक्ष्य बना लेते हैं और उसकी पूर्ति में लग जाते हैं तो अक्सर यह देखा जाता है कि आप दैनिक गतिविधियों में झगड़ा और ईर्ष्या के साथी बन जाते हैं। विचार करें लक्ष्य पूरा करना अच्छी बात है, किन्तु उस लक्ष्य को पाने के लिए झगड़ा और ईर्ष्या आखिर क्यों? यह बात जब आप विचार करेंगे तो आपका मन निर्मल हो जाएगा और आपको प्रभु के आशीर्वाद से यह विदित हो जाएगा कि लक्ष्य प्राप्ति के लिए हर कार्य करें, किन्तु झगड़े और ईर्ष्या आदि से दूर रहें।

यह सर्वविदित है कि जीवन इतना छोटा है कि हम उसे चाहकर भी नहीं बढ़ा सकते, फिर भी क्यों मानव ईर्ष्या व झगड़ा करने की प्रवृत्ति में लगा रहता है। जीवन अमूल्य है, यह सभी जानते हैं, फिर क्या कोई भी समझदार व्यक्ति अपनी अमूल्य चीज को नष्ट होने देता है? नहीं, फिर क्यों आज का मानव आपसी झगड़े, वैमनस्य की भावनाएं और ईर्ष्या की प्रवृत्ति को संजोए हुए अपने अमृतमय जीवन में खटास पैदा कर रहा है।

सभी के पास समय का अभाव है। अभावमय ज़िन्दगी बिताते हुए भी आश्चर्य तब होता है, जब हम देखते हैं कि इस आनन्दमय जीवन का काफी अंश

बेकार ही छोटी-छोटी बातों के लिए झगड़ा और ईर्ष्या में लगा देते हैं। समझदार व्यक्ति के मनन करने के लिये प्रश्न यह है कि आखिर क्यों मानव भारत में ही नहीं, अपितु विश्व के प्राय: सभी संभ्रांत देशों में अपना अमूल्य जीवन नष्ट करने में लगा है। छोटी-छोटी बातों के लिए झगड़ा मोल लेने में अथवा ईर्ष्या के उत्पन्न करने में ही अपना बहुमूल्य समय नष्ट कर देता है। देश एवं समाज की तरक्की के लिए उत्पादन को बढ़ाना चाहिए, परन्तु सवाल यह है कि क्या हम इस निर्मल जीवन का अंश आपसी झगड़े और ईर्ष्या के उत्पादन की वृद्धि में लगाएं? कोई भी समझदार व्यक्ति अपने विवेक की चाबी हाथ में रखकर अगर ऐसा सोच-विचार करे और इसका निष्कर्ष निकाले कि अति अल्प जीवन को सवाँरकर रखने में भलाई है अथवा उसे झगड़ा और ईर्ष्या में नष्ट कर डालने में। व्यक्ति चाहे किसी भी पारिवारिक-सामाजिक परिवेश से संबंध रखता हो, परन्तु अपनी सेहत को मद्‌देनजर रखते हुए यह कदापि अच्छा नहीं है कि वह अपना अमूल्य समय झगड़ा-फसाद एवं ईर्ष्या की वृत्ति में लगाए। जब परिवार के कुछ सदस्यों की उन्नति होती है, मिलने वालों की एवं दोस्तों की धन वृद्धि होती है, सामाजिक जीवन में दूसरे गुट की तरक्की होती है, अन्य व्यक्ति को प्रतिष्ठा प्राप्त होती है, तब आपके मन में लगा हुआ ईर्ष्या के कंट्रोल का स्विच तेज हो जाता है। जरा सोचें, ऐसा क्यों होता है? हाँ, यह भी सोचें कि इसका लाभ क्या है? वास्तविकता तो यह है कि ईर्ष्या की वृत्ति रखने वाले व्यक्ति को केवल हानि ही होती है।

पेट में अल्सर उत्पत्ति एवं रक्तचाप ने ईर्ष्या की है। ईर्ष्या की प्रवृत्ति रखने वाला प्रत्येक व्यक्ति अपनी ही अर्जित की हुई आग में जलता रहता है। सबसे अचरज की बात तो यह है कि ईर्ष्या रखने वाला व्यक्ति अपनी इस प्रवृत्ति की चर्चा किसी से नहीं कर सकता और स्वयं अकेलेपन में घुटता रहता है। इस अमूल्य जीवन को रसमय और थोड़ा-सा सुन्दर बनाने के लिए अगर ईर्ष्या की वृत्ति का त्याग करें तो निश्चित रूप से हमें आनन्द प्राप्त होगा, तब मंगलमय आनन्द, स्वास्थ्य लाभ, चेहरे पर एक अजीब-सी चमक एवं रौनक का आभास होगा। दुर्भाग्य तो यह है कि जो व्यक्ति ईर्ष्या की वृत्ति से ग्रस्त है, उसकी इस वृत्ति को बताने वाला कोई है ही नहीं। ऐसी अवस्था में ईर्ष्या की वृत्ति बढ़ती ही जाती है। अत: सर्वोत्तम यही है कि व्यक्ति अपने पास एक डायरी रखे और उस डायरी में जब-जब ईर्ष्या की वृत्ति मन में जागे तो उसका वर्णन लिखे और स्वयं अपने मन और आत्मा से बात करते हुए इस वृत्ति के दमन के बारे में सोचे। ऐसा करने से ईर्ष्या की वृत्ति का उन्मूलन होकर जीवन आनन्दमय हो जाएगा।

23

लक्ष्य पूरा नहीं हुआ तो यह प्रारब्ध का खेल

'आकृति, कुल, शील, विद्या और यत्नपूर्वक की गई सेवा कोई फल नहीं देते, किंतु प्रारब्ध के संचित कर्म वैसे ही फल देते हैं जैसे वृक्ष।'

—भर्तृहरि

हर व्यक्ति अपना लक्ष्य प्राप्त करने के लिए पूरी चेष्टा करता है। कई बार ऐसा भी देखा गया है कि पूरी निष्ठा के साथ लक्ष्य को पाने के लिए हम कड़ी-से-कड़ी मेहनत करते हैं, बड़ी तपस्या करते हैं और फिर भी हमें अपना लक्ष्य प्राप्त नहीं होता। ऐसे में मन को खिन्न करने के बजाय सोचें कि ऐसा केवल प्रारब्ध की वजह से ही हुआ। अतः यदि आप ज़िन्दगी के इस मंत्र को गांठ बांध लेंगे तो फायदे में रहेंगे।

हम व्यापारी हों, पारिवारिक हों और चाहे सामाजिक हों, जब कभी कोई समस्या हमारे सामने आती है तो हमें चाहिए कि उस समस्या का सामना बुद्धि, विवेक एवं विचार से करें। समस्या के समाधान का सबसे आसान तरीका यह है कि हम प्रारब्ध की बात को स्वीकार करें। प्रारब्ध एक ऐसा शब्द है जिसके अंदर हजारों, लाखों, करोड़ों व्यक्तियों को सुख-शान्ति देने की शक्ति है। अगर आप और हम कोई अच्छा कार्य कर रहे हैं तो निश्चय ही इस सत्कर्म का हमारे प्रारब्ध पर अच्छा प्रभाव पड़ेगा। यह प्रश्न कई बार मन में आता है। विशेषकर उस व्यक्ति के मन में, जो लोगों की सेवा, लोगों की मदद करता है, किसी को धोखा नहीं देता, किसी को कष्ट नहीं पहुँचाता, किसी का दिल नहीं दुखाता,

फिर भी लोग उसे धोखा क्यों देते हैं, लोग उसे परेशान क्यों करते हैं? इस प्रश्न का उत्तर बार-बार वह अपने मन से पूछता है, परंतु मन जवाब नहीं दे पाता।

जब वह व्यक्ति आध्यात्मिक ग्रन्थों को पढ़ता है, तब उसके मन को शान्ति मिलती है और तब उसे पता चलता है कि उसके पुराने प्रारब्ध खराब थे। उसी के कारण वर्तमान में स्वयं अच्छा होते हुए, किसी को दुःख नहीं देते हुए भी वह व्यक्ति परेशान हो रहा है और कष्ट उठा रहा है तथा लोग उसे तंग कर रहे हैं। ऐसी स्थिति में कई बार आदमी का मन विचलित हो जाता है। वह किंकर्तव्यविमूढ़ हो जाता है और सोचता है कि आखिर मैं क्यों अच्छा रहूँ, अच्छे कार्य क्यों करूँ? जब अच्छा रहने और अच्छे कार्य करने पर भी लोग मेरे प्रति अच्छा व्यवहार नहीं करते, तब इन सत्कर्मों एवं सदाचरणों से क्या लाभ? ऐसा सोचना केवल स्वयं की ही कमजोरी है क्योंकि अगर आज हम किसी का अच्छा कर रहे हैं, भला कर रहे हैं तो उसका पुण्य हमारे आने वाले प्रारब्ध को अच्छा करेगा। इसलिए हमें चाहिए कि अगर आज हमें किसी प्रकार की परेशानी हो रही है तो वह हमारे प्रारब्ध का ही खेल है – उसी का प्रतिफल है, जिसे हम हँसकर खेलें या रोककर झेलें।

प्रारब्ध का ही परिणाम है कि आज एक व्यक्ति बहुत अमीर है तो दूसरा अत्यन्त गरीब। अब तो हम अपने पूर्वनिर्मित प्रारब्ध के बारे में कुछ कर नहीं सकते, परंतु भविष्य में अपना प्रारब्ध अच्छा बने, उसके लिये तो सत्कर्म कर ही सकते हैं। अतः हमें चाहिए कि अपने पुराने प्रारब्ध को दोष न दें। अगले प्रारब्ध को पवित्रतम और श्रेष्ठतम बनाने के लिए उत्कृष्ट सत्कर्म करते रहें, जिससे पुराने प्रारब्ध के दोष इसी जन्म में समाप्त हो जाएं और भविष्य के अच्छे प्रारब्ध का निर्माण हो।

परिवार में अशान्ति, व्यापार में साझेदार द्वारा धोखा, सामाजिक संगठन में अपने ही मित्रों द्वारा विश्वासघात आदि सब नाशवान जगत की बातें हैं। हमें इन बातों से लगाव न रखकर अपने प्रारब्ध के ऊपर आस्था रखनी चाहिए। ऐसी आस्था रखने पर हमारा वर्तमान और भविष्य निश्चित रूप से सुदृढ़ होगा तथा हमें किसी प्रकार की मानसिक चिन्ताएँ व तनावग्रस्त करने वाली शक्तियाँ हरा नहीं सकेंगी। अतः हमारे जीवन में अगर कोई परेशानी, कोई समस्या आती है तो धैर्यपूर्वक अविचलित भाव से हमें केवल अपना कर्तव्य करते रहना चाहिए, सन्मार्ग पर निरन्तर बढ़ते रहना चाहिये। जब हम ऐसा करते रहेंगे, तब पाएंगे कि अच्छे कर्मों के सम्पादन से ही पुराने संचित कर्म या प्रारब्ध के पाप कटते हैं।

मन की शान्ति प्रारब्ध की आस्था का नाम है, जिसे हम चाहे हंसकर मान लें या दुःखी होकर झेलते रहें। इसी कर्मयोग का संदेश देते हुए भगवान् श्रीकृष्ण ने कहा है–

कर्मण्येवाधिकारस्ते मा फलेषु कदाचन।
मा कर्मफलहेतुर्भूमा ते संऽगोऽस्त्वकर्मणि॥

गीता 2/47

अर्थात् हे अर्जुन! तेरा कर्म करने पर ही अधिकार है, उसके फलों पर कभी नहीं। इसलिये तू कर्मों के फल का हेतु मत हो तथा कर्म न करने में भी तेरी आसक्ति न हो।

अभिप्राय यह है कि प्राणिमात्र को प्राप्त सुख–दुःख आदि द्वन्द्वात्मक परिस्थितियों में अनुद्वेग एवं दृढ़ स्थैर्यभाव से निर्लिप्त होकर निष्कामपूर्वक अत्यन्त उत्साह से कल्याणकारी सत्कर्मों का सम्पादन करते रहना चाहिए। निष्काम कर्मयोग का आश्रय ग्रहण कर प्राणिमात्र त्रिविध दुःखों से मुक्त होकर आत्यन्तिक निवृत्ति परमात्मा को प्राप्त कर लेता है।

24

जिन्दगी से जी भर गया – ऐसा कभी न सोचें

'प्रत्येक व्यक्ति को अच्छे कार्य करते हुए सौ वर्ष तक जीने की अभिलाषा रखनी चाहिए।'

–ईशोपनिषद

इसमें कोई शक नहीं कि लक्ष्य पाने के लिए सभी मेहनत करते हैं, परन्तु लक्ष्य मेहनत के बाद भी न पूरा हो तो मन में अजीब तरह की घुटन महसूस होने लगती है। कई बार ऐसा लगता है कि ज़िन्दगी से जी भर गया क्योंकि हमने मेहनत तो की, फिर भी हम लक्ष्य को न पा सके। याद रखें कि ज़िन्दगी से जी भर गया, ऐसा उस समय तक नहीं सोचना है, जब तक आपका अपना लक्ष्य पूरा न हो जाए।

आपने 50 साल पूरे कर लिए। बच्चों की शादी हो गई, बच्चों ने करोबार सम्भाला और लगने लगा कि ज़िन्दगी से जी भर गया। सोचा कि ज़िन्दगी का आनंद ले लिया, ज़िन्दगी का आनन्द लेते-लेते पूर्णतः उसी में लिप्त हो गए हो या बोर हो गए हो या विरक्ति-सी आ गई है, क्या करें? इस अवस्था में जब बार-बार मन से एक ही आवाज आती है - अब तो ज़िन्दगी से मन भर गया है। इस प्रश्न का उत्तर देने से पहले जरा यह चर्चा करें कि आखिर मन में जो यह विचार आया है, वह उचित है या अनुचित।

एक तरफ घर गृहस्थी, दूसरी तरफ व्यापार और दुनियादारी। इन थपेड़ों को सहन करते-करते आत्मा ही सुन्न हो गई। ज़िन्दगी में क्यों आए और ज़िन्दगी

का लक्ष्य क्या था, यह पुनः सोचने का समय ही नहीं मिला। अतीत के झरोखे में जब झांकने लगते तो पता नहीं चल पाता कि कब बच्चे थे और कब युवा बने। जवानी कब आई और कब चली गई तथा कब प्रौढ़ावस्था की दहलीज पर पैर रखने की तैयारी कर रहे हो। देखते-ही-देखते लगने लगेगा कि आप बुढ़ापे की पटरी पर पहुंचने वाले हैं। अपने अतीत को एक नजर में देखते ही कभी खुशी तो कभी गम का अहसास कर रहे होंगे। नहीं-नहीं, सच तो यह होगा कि अब तक की ज़िन्दगी में पुनः जो पाया, वह तो ज्यादा गम था और थोड़ी-सी खुशियां। अगर यह सब आपके जीवन की हकीकत है तो क्यों न कुछ ऐसा करें कि हमारी इस बची हुई ज़िन्दगी में कुछ ज्यादा खुशी और कुछ कम गम की तरफ अग्रसर होने वाले कार्य को हाथ में लें।

हां, जब आप इन लाइनों को पढ़ रहे होंगे तो ध्यान रहे कि इसमें लिखी बातों का जब-जब तुम स्वयं मनन करो तो पूर्ण समर्पण या सच्चे दिल से करो। एक पल के लिए जरा यह सोचो कि पिछले 50 सालों में आपने कितने दोस्त बनाएं? शायद आपके मुंह से निकलेगा कि मैं अनगिनत दोस्त बनाएं और वे सब अभी भी हैं, परन्तु अगले दो मिनट के लिए जरा यह सोचो कि क्या केवल 5 ऐसे मित्रों की लिस्ट बना सकते हो, जिन्हें अपने दिल की सारी दास्तां बता सको। 5 तो क्या आपको तो पहले नम्बर पर भी किसी ऐसे मित्र का नाम लिखने में उलझन हो रही होगी। यह ज्यादातर व्यक्तियों की हकीकत है। अगर आपके साथ भी ऐसा ही कुछ हुआ हो तो अब कम-से-कम सोचो कि मेरे चाहे 5 ऐसे दोस्त नहीं हों, जिन्हें मैं अपने दिल की बात नहीं बता सकता हूं, परन्तु क्यों नहीं मैं एक ऐसा दोस्त बनूं जिससे मेरे मिलने वाले मुझे सच्चा दोस्त मानें और अपने दिल की सारी बात वे बेधड़क मुझसे कह सकें। अगर कुछ ऐसा सोचोगे तो ज़िन्दगी से जी भर गया, ऐसे विचार आपके मन में कभी नहीं आएंगे।

अगर विश्वास और सेवा भाव से, तन-मन-धन से असहाय और निर्बल व्यक्ति की तरफ हमारी जरा-सी भी नजर चली जाए तो जिन्दगी कुछ और हसीन दिखने लगेगी और अधिक समय तक जीने की राह दिखाएगी, तब हम आने वाले सुनहरे कल का स्वागत करने के लिए तैयार हो जाएंगे। यह एक सच्चा अनुभव है, जिसका पालन करके आप इसका मजा ले सकते हैं और वह क्षण दूर नहीं, जब आपको अपनी ज़िन्दगी नई नवेली दुल्हन जैसी हसीन लगेगी। जी हां, ज़िन्दगी की तरफ नया प्यार उमड़ेगा और अगर तुमने इस मस्ती को पा लिया तथा यह अनुभव कर लिया तो अपने मित्रों एवं सभी

सगे-सम्बन्धियों को भी इस पावन गंगा में डुबकी लगाने का निमंत्रण दोगे। अपने मित्रजनों से कहो कि समर्पित भाव की वजह से आपके जीवन में अभूतपूर्व परिवर्तन आ गया है। अपने दोस्तों को अपने जीवन की यह अमर गाथा सुनाओ जिसने आपके जीवन की बगिया में चार चांद लगा दिए। जीवन की बगिया को हसीन बनाने के लिए देर न करो।

जरा हम एक पल चर्चा करें कि हर मानव का क्या यह सोचना उचित है कि मेरा जी भर गया, मैं ज़िन्दगी से ऊब गया, प्रभु अब मुझसे और नहीं सहा जाता, इन सब प्रश्नों का उत्तर हमारे शास्त्रों में मिलता है। ईशोपनिषद् के दूसरे श्लोक में बड़ा अच्छा तथा स्पष्ट लिखा हुआ है कि मानव को चाहिए कि वह सौ साल की आयु की इच्छा करता हुआ और अपने कर्मों को करता हुआ जीवन जीए। अगर हम केवल दुनियादारी में ही लिप्त न होकर सत्कर्म करते हुए सौ सालों तक जीने की इच्छा करें तो ऐसी इच्छा करना पूर्णतः न्यायसंगत है, हमारी ज्ञान पुस्तिका ईशोपनिषद हमें जीवन की ऐसी वास्तविकता से अवगत कराती है।

प्रत्येक व्यक्ति को अच्छे कार्य करते हुए सौ साल तक जीने की अभिलाषा रखनी चाहिए। इसे हमारे शास्त्रों ने माना है और इसीलिए तो शास्त्रों में लिखा है -

ॐ तच्चक्षुर्देवहितं पुरस्ताच्छुक्रमुच्चरत।
पश्येम शरदः शतं जीवेम शरदः शतं श्रणुयाम॥
शरदः शतं प्रब्रवाम शरदः शतमदोनाः।
स्याम शरदः शतं भूयश्च शरदः शतात्॥

उपरोक्त महामंत्र ऐसा है जो आपको प्रेरणा देगा कि परम पिता परमेश्वर से प्रार्थना करते रहो, हे प्रभु! हम सौ सालों तक देखें, सौ सालों तक अच्छे कर्म करते हुए जीएं, सौ सालों तक सुनते रहें, सौ सालों तक बोलते रहें। सौ सालों में कभी भी कंगाल और कमजोर न हों और हर समय अधिक-से-अधिक सुख भोगते रहें। अगर आप ऐसी विचारधारा रखेंगे तो ज़िन्दगी में कभी भी बोरियत नहीं होगी। शास्त्र में लिखित इस मंत्र का रोज एक बार अर्थ सहित उच्चारण करने से ही हमें असीम शक्ति प्राप्त होती है और तब हम जीवन को बोरियत से नहीं बल्कि हंसकर और आनन्द लेकर गुजार सकेंगे।

25

शक्तिपात से लक्ष्य प्राप्ति में तत्परता

'अगर शक्तिपात हो जाए तो लक्ष्य प्राप्त करने में एक आश्चर्यजनक प्रवाह हो जाएगा और शीघ्र ही लक्ष्य प्राप्ति हो जाएगी।'

अगर शक्तिपात हो जाए तो निश्चित रूप से हमें अपने लक्ष्य की प्राप्ति में तत्परता महसूस होगी, किन्तु समस्या यह है कि शक्तिपात हमें कैसे प्राप्त हो। इस बात का उत्तर देने से पहले मान लें कि अगर आपको शक्तिपात हो जाता है तो लक्ष्य प्राप्ति की धारा में अजीब-सा प्रवाह आएगा और वह प्रवाह आपको लक्ष्य की तरफ जाने में मदद करेगा।

धन्य हैं वे लोग जिनके गुरु या आचार्य आज भी मौजूद हैं, ताकि कोई भी समस्या आते ही वे अपने गुरु के पास जाकर अपनी समस्या का समाधान कर गुरु की शक्ति का शक्तिपात पा सकते हैं, परन्तु क्या करें ऐसे व्यक्ति जिनके या तो गुरु हैं ही नहीं या आज तक उन्होंने कोई गुरु बनाया ही नहीं अथवा ऐसे भी अनेक लोग हैं जिन्होंने किसी व्यक्ति को गुरु भी बना रखा है, परन्तु वर्तमान समय की समस्याओं से घिरे हुए व्यक्ति को उनके गुरु शक्तिपात देने के लिए मौजूद नहीं हैं। ऐसे व्यक्ति क्या करें, कहाँ जाएं, किससे और कैसे शक्तिपात प्राप्त करे? यह आम आदमी की एक समस्या है। कई व्यक्तियों के गुरु थे, उन्हें अपने गुरु से शक्तिपात प्राप्त होता था, परंतु आज उनके गुरु ब्रह्मलीन हो गए हैं। कहाँ जाएं वे अब, किससे लें वे शक्तिपात और वे अब प्रभु का प्रसार शक्तिपात के माध्यम से कहाँ लेने जाएं? अब इस घड़ी में सांसारिक जीवनयापन करते हुए वे दिन-प्रतिदिन की समस्याओं का समाधान कैसे पाएं? प्रस्तुत है एक ऐसा अचूक नुस्खा जिससे आज ही आपको अपने गुरु का शक्तिपात प्राप्त होगा। अगर आपका कोई गुरु नहीं है तो भी कोई बात नहीं

है। अब ब्रह्मलीन गुरु की कृपा से आपको शक्तिपात प्राप्त होगा। यह हमारे अनुभव की बात है।

शक्तिपात प्राप्त करने के लिए सर्वप्रथम आप शांत मन से पूर्ण आस्था के साथ अपने गुरु के किसी भी लेख या संदर्भ को दिल लगाकर पूर्ण समर्पण भाव के साथ पढ़ें। पढ़ने से पहले आप मन-ही-मन ईश्वर से प्रार्थना करें कि मेरे अमुक गुरु के द्वारा शक्तिपात का लाभ मुझे आज और इसी समय प्राप्त हो जाए। अगर मन में ऐसा भाव लाकर आप गुरु की वाणी, गुरु का लेख, गुरु का भजन पढ़ेंगे अथवा सुनेंगे तो आपको निश्चित रूप से शक्तिपात हो जाएगा। शक्तिपात प्राप्त करने के लिए कोई जरूरी नहीं है कि आप स्नान करके, पूजा-पाठ एवं दैनिक दिनचर्या समाप्त करके ही बैठें, तभी आपको शक्तिपात होगा। जरूरी बात केवल यह है कि अगर आप शक्तिपात प्राप्त करना चाहते हैं तो केवल सच्ची लगन एवं दृढ़ प्रतिज्ञा चाहिए कि मुझे अपने गुरु से शक्तिपात प्राप्त करना है।

कुछ दिनों पूर्व मैं छुट्टियाँ बिताने आगरा गया था। वहां मैं पाँच सितारा होटल में ठहरा हुआ था। एक दिन मैं लेटे-लेटे स्वामी विवेकानन्द के आध्यात्मिक विचारों वाला एक लेख पढ़ रहा था। मुझे उनमें से कुछ पंक्तियाँ अच्छी लगीं। मैं बिस्तर पर लेटा हुआ उन पंक्तियों का मनन करने लगा। मैंने आँखें बन्द कर लीं या पता नहीं स्वतः ही आँखें बन्द हो गईं। मैं मन-ही-मन उन पंक्तियों को दोहराता रहा। अचानक मुझे आभास हुआ कि मैं चाहकर भी आँखें नहीं खोल पा रहा हूँ और बड़ी ही निर्मल शांत अवस्था में था। मुझे शक्तिपात हो रहा था। वे पंक्तियाँ मेरे रोम-रोम में बस चुकी थीं। मुझे स्वामी विवेकानन्द की पूर्ण कृपा प्राप्त हो रही थी और वह भी उनके लेख एवं शक्तिपात द्वारा। जब मैंने आँखें खोलीं तो पाया कि हर अंग पूर्ण शांत था। आप सभी इसी प्रकार शक्तिपात प्राप्त करके आनन्द का अनुभव कर सकते हैं।

जिन व्यक्तियों ने आज तक किसी को गुरु नहीं बनाया, वे भी उपरोक्त तरीके से बिना गुरु से मिले ही किसी भी अच्छे गुरु अथवा सिद्ध पुरुष से शक्तिपात प्राप्त कर सकते हैं। शक्तिपात के दौरान आपका अपना शरीर पूर्णतया निर्मल एवं शांत हो जाता है। आप शक्तिपात प्राप्ति के पश्चात् एक दिव्य पुरुष बन जाते हैं और साथ-ही-साथ पाते हैं एक दिव्य शक्ति जिसके सहारे आप दुनिया की इस कष्टमय यात्रा में अच्छी तरह जीवन बिता सकें। जरूरी नहीं है कि आप एक ही गुरुजन से शक्तिपात ग्रहण करें। एक से अधिक गुरु या अच्छे विद्वान से जब चाहें शक्तिपात ग्रहण करें और ज़िन्दगी का लुत्फ़ उठाएं।

26

कभी बहस न करें

'बहस में उलझने से केवल अहं को तुष्टि मिलती है, लक्ष्य प्राप्ति नहीं। अतः समझदार लोगों को बहस में नहीं उलझना चाहिए।'

समझदार पुरुष अथवा महिलाएं अपना लक्ष्य पाने के लिए हर कदम पर बड़ी तत्परता से कार्य करते हैं और सम्पादित करते हैं। एक बात का निश्चित रूप से ध्यान रखिएगा कि अपने लक्ष्य को पाने के लिए जहां तक हो सके, कभी भी बहस न करें। ज़िन्दगी का कोई भी मोड़ हो, बहस न करने की प्रक्रिया को अगर आप अपना लेंगे तो निश्चित मानिए कि आपको अपने लक्ष्य की प्राप्ति में काफी मदद मिलेगी। बहस उस समय प्रारंभ होती है, जब दूसरे लोग आपके विचारों को नहीं मानते, किन्तु आप स्वयं हमेशा यही सोचें कि अगर मैं बहस करूंगा तो क्या पा लूंगा। मेरा केवल एक ही ध्येय है और वह यह कि मुझे अपने लक्ष्य को प्राप्त करना है। ऐसे में बहस कभी न करें। अगर आप बहस नहीं करेंगे तो आप पाएंगे कि इस छोटी-सी बात से आपको लक्ष्य प्राप्ति में मदद मिल रही है।

चाहे सास-बहू हों, चाहे पति-पत्नी और चाहे पिता-पुत्र बहस करने से कोई लाभ नहीं होता है। हाँ, बहस का एक लाभ अवश्य है, वह है बहस करने वाले दो व्यक्तियों में से एक व्यक्ति की जीत और दूसरे व्यक्ति की हार। बहस में उलझने से केवल अपने अहं को शान्ति मिलती है और कुछ भी नहीं। अतः समझदार लोगों को चाहिए कि वे बहस न करें। आप अपने विचार को अवश्य रखें, परन्तु कभी भी बहस न करें। अगर आप बहस करने की प्रवृत्ति को छोड़ देते हैं तो आपको इसके अद्वितीय लाभ मिलेंगे। ऐसी क्या जरूरत है कि आप

किसी से बहस कर रहे हैं और आप उस बहस में जीतना चाहते हैं? केवल आपके अन्दर छिपे हुए अहं को थोड़ी शान्ति मिलेगी। यही नहीं, इससे आपके अहं को पनपने में मदद मिलेगी। अहं आपके अन्दर तृप्त होगा। अतः केवल अपने अहं की मरहम पट्टी करने के लिए बहस का रास्ता न चुनें। बहस करने से दूसरे व्यक्ति के और आपके बीच में एक दरार पड़ जाएगी, जो फिर आसानी से नहीं मिट सकती।

आप अपनी विचारधारा रखना चाहते हो तो केवल उसे रखें, दूसरे व्यक्ति को अपनी विचारधारा पर चलने दें। आप बहस करके अपनी विचारधारा को सही बताने की जबरदस्ती न करें। इस दुनिया में ऐसे लाखों-करोड़ों व्यक्ति हैं, जिन्हें आप बहस करके जीत नहीं सकते और अगर जीत भी गए तो भी आपको कोई बहुत बड़ी उपलब्धि नहीं मिलेगी? अतः सर्वोत्तम यही है कि आप बहस करने की प्रक्रिया को छोड़ दें और अपने जीवन का आनंद लें। बहस में अपना कीमती समय बरबाद मत करें। अगर आप बहस करने की आदत नहीं छोड़ सकते हैं तो आपको थकान महसूस होगी और आपके अनगिनत दुश्मन बन जाएंगे। अतः अपने स्वार्थ के लिए और अपने अहं से दूर रहने के लिए आपको चाहिए कि बहस करने वाली तकनीक से दूर रहें और इस बचे हुए समय को अच्छे कार्य में लगाएं, तब देखेंगे कि आपकी प्रसन्नता और आनन्द द्विगुणित हो जाएंगे।

27

किसी की भावना से खिलवाड़ न करें

'जब भी बोलें तोलकर बोलें और प्रतिपल ध्यान रखें कि किसी की भावना से खिलवाड़ नहीं करना है, तभी आपको शीघ्र ही लक्ष्य प्राप्ति हो जाएगी।'

वैसे तो आप समझदार हैं। किसी अन्य व्यक्ति की भावना से खिलवाड़ करने के विचार आपके मन में नहीं आने चाहिए। जब हम लक्ष्य की प्राप्ति की तरफ बढ़ते हैं तो हमेशा समय-समय पर इस बात का विचार करना चाहिए कि क्या हम किसी अन्य व्यक्ति की भावना से खिलवाड़ तो नहीं कर रहे हैं। पाठक यही सोचेंगे कि मैं तो किसी की भावना से खिलवाड़ करता ही नहीं हूँ, फिर मैं ऐसा क्यों सोचूँ? आपकी बात सही है, किन्तु कभी-कभी जाने-अनजाने में हो सकता है कि आप किसी की भावनाओं से खेल रहे हों। इसलिए जब भी आप बोलें तो तोलकर बोलें और प्रतिपल, प्रतिदिन इस बात को मन में रखें कि मुझे कभी भी किसी की भावना से खिलवाड़ नहीं करना है।

इस बात का ध्यान रखिए कि हमारा मुख्य उद्देश्य एक ही है और वह है लक्ष्य की प्राप्ति। ऐसे में अगर हमने जाने-अनजाने किसी की भावनाओं से खिलवाड़ किया तो हमारे लक्ष्य की प्राप्ति में निश्चय ही देर होगी। इस बात को अवश्य मानें, तब आप अन्य व्यक्तियों की भावनाओं से खिलवाड़ करने के बारे में नहीं सोचेंगे। अगर आपको कभी लगता है कि आपके किसी विचार की वजह से किसी की भावना को ठेस पहुंच सकती है तो जरा सोचें, फिर अपनी बात बोलें। जब कभी भी कोई बात बोलें तो सोच-समझकर बोलें। ऐसा करने से एक तरफ तो आप लोकप्रिय

होंगे और दूसरी तरफ आप किसी दूसरे व्यक्ति की भावनाओं से खिलवाड़ भी नहीं करेंगे।

अगर आप दूसरों की 'हाय' से बचना चाहते हैं तो फिर किसी की भावना से खिलवाड़ न करें। मन, वचन और कर्म से किसी की भी भावनाओं का मजाक न उड़ाएं। किसी की भावना पर जाने-अनजाने में ऐसी टिप्पणी न करें कि व्यक्ति परेशान हो जाए। अगर आपने किसी व्यक्ति का दिल दुखा दिया तो आपके उससे चाहे जो भी रिश्ते हों, उसकी अंतरात्मा से जो हाय निकलेगी, वह आपकी खुशी में आज नहीं तो कल जहर घोल देगी। जरा सोचो कि किसी का दिल दुखाने से या तीखी या कड़वी बात बोल देने से आपको क्या मिलेगा, कुछ नहीं। हां, हो सकता है कि कुछ क्षणों के लिए आपके अन्दर के अहम को थोड़ी शीतलता प्राप्त हो, परन्तु ऐसी क्षणिक शीतलता आने वाले समय में इससे कई गुना अधिक कष्ट देकर जायेगी।

अत: प्रतिपल सोचें कि कहीं आप किसी भी व्यक्ति का जाने-अनजाने में दिल तो नहीं दुखा रहे हैं? रोज रात को सोने से पहले केवल तीन मिनट इस बात को सोचें कि क्या मैंने किसी का आज जाने-अनजाने में दिल दुखाया है। अगर जवाब हां मिले तो प्रभु से प्रार्थना करें कि मुझे आज वह माफ कर दे। कल से मैं पूर्ण चेष्टा करूंगा कि किसी का भी दिल नहीं दुखाऊं। जरा सोचें अगर आप किसी की कोई मदद नहीं कर रहे हैं या नहीं कर सकते तो कम-से-कम मीठे बोल बोलकर उसे खुश कर सकते हैं। ऐसे में अपनी आत्मा की बात सुनकर इस बात का सदैव ध्यान रखें कि मुझे कभी भी किसी की भावना को ठेस पहुंचाने के लिए कोई कार्य नहीं करना है। अगर आप ऐसा प्रतिदिन सोचेंगे तो आप अपने आपमें एक विचित्र परिवर्तन महसूस करेंगे। अगले केवल 6 महीने में आप दिव्यता की ओर बढ़ने लगेंगे और फिर दिव्य पुरुष बनने की सीढ़ी तय कर पाएंगे।

28

जीवनसाथी के देहान्त के बाद कैसे पाएं लक्ष्य

'जीवनसाथी के बिछुड़ने के बाद अच्छी जिंदगी बताने के लिए उन अच्छे क्षणों को याद करें, जो दोनों ने एक साथ बिताए हैं।'

कई बार ऐसा होता है कि आपने ज़िन्दगी का लक्ष्य बनाया और लक्ष्य पूरा हो रहा है, किन्तु पूरा अभी नहीं हुआ और इसी बीच पति अथवा पत्नी का देहावसान हो जाए, ऐसी अवस्था बड़ी जटिल बन जाती है। साधारणत: उस समय हम अपने लक्ष्य को भूल जाते हैं, किन्तु हमें लक्ष्य की प्राप्ति करनी है। विशेष तौर से अगर पति अथवा पत्नी का देहान्त हो जाए तो स्थिति बड़ी विकट बन जाती है। एक तरीका तो यह है कि उसके बाद बची हुई ज़िन्दगी में बैठे रहो, रोते रहो। आखिर किसे सुनाते फिरेंगे अपने दु:ख की दास्तान, कौन सुनेगा आपकी पीड़ा और वह भी रोज-रोज। ऐसे में समझदार व्यक्ति वही है, जो पति अथवा पत्नी के देहावसान के पश्चात् भी ज़िन्दगी के लक्ष्य को पूरा करने में पुन: लग जाते हैं, किन्तु ज़िन्दगी में थोड़ा मोड़ निश्चित रूप से आ ही जाता है। इसलिए यह समझना जरूरी है कि पति अथवा पत्नी की मृत्यु के पश्चात् ज़िन्दगी कैसे जिएं, ताकि हम अपने लक्ष्य को पा सकें।

प्रत्येक व्यक्ति की जिंदगी में एक ऐसा दर्दनाक मोड़ आता है, जब पति अथवा पत्नी का देहांत हो जाता है। जिस समय यह घटना घटती है, उस समय ऐसा लगता है जैसे गहरा वज्रपात हमारी जिंदगी में हो गया हो। आखिर क्यों नहीं लगे ऐसा? क्योंकि जब आपने दस-बीस-चालीस या पचास वर्ष या उससे

भी अधिक लम्बा समय अपने जीवनसाथी के साथ बिताया और जब ऐसा जीवनसाथी आपसे बिछुड़ जाए तो निश्चित रूप से असहनीय शोक होता है। ऐसी अवस्था में जब हमारा जीवनसाथी बिछुड़ जाए तो जिंदगी कैसे जिएं? यही एक अति ज्वलंत प्रश्न है। महिलाएं जो स्वभाव से ही पुरुषों की तुलना में ज्यादा भावुक होती हैं, उन्हें अपना जीवनसाथी बिछुड़ने पर ऐसा लगता है जैसे उनकी जिंदगी भी अब समाप्त हो गई है। आप भी अपने जीवनसाथी के बिछुड़ने की केवल कल्पना मात्र से चिंतित हो जाते हैं, दुःखी हो जाते हैं, किंतु नियति का जो विधान है, वह मानना ही पड़ेगा। हमारा जीवनसाथी जो इस दुनिया में आया है, उसे आज नहीं तो कल बिछुड़ना ही है। यह कटु सत्य है, यह अप्रिय सत्य है और यही जीवन की वास्तविकता है। यहां पांच विचारबिंदु दिए जा रहे हैं, जो सभी वर्ग के लोगों को जिंदगी जीने में निश्चित रूप से थोड़ी मदद करेंगे। विशेष तौर से ऐसे समय में जब उनके जीवनसाथी बिछुड़ जाएं। आइए, अब हम चर्चा करें उन पांच महत्त्वपूर्ण विचारबिंदुओं की, जिन्हें पढ़कर मुझे लगता है कि जीवन के ऐसे भयानक मोड़ को भी आप पार कर पाएंगे –

1. अपने जीवनसाथी के साथ बिताए हुए अच्छे क्षणों को याद करें। अमेरिका में भी जहां पाश्चात्य जीवन शैली भारत से भिन्न है, फिर भी निश्चित रूप से वहां भी जब व्यक्ति जीवनसाथी खो देता है, तो उसे गहरा अफसोस होता है, अकेलापन भी महसूस होता है। अतः जीवनसाथी के बिछुड़ने के बाद जिंदगी को अच्छी तरह बिताने के लिए आप हर पल प्रतिदिन उन अच्छे क्षणों को याद करें, जो आपने अपने जीवनसाथी के साथ बिताए। ऐसे क्षणों को याद करने से आपकी मायूसी छूमंतर हो जाएगी। निश्चित रूप से दुख तो झेलना ही है, किंतु अगर हम अपने जीवनसाथी के साथ बिताए अच्छे क्षणों को याद करें तो उस दुःख को झेलने में सहायता मिलेगी और बची हुई जिंदगी को बिताने में मदद मिलेगी। अमेरिका में तो और भी हालात ज्यादा नाजुक हो जाते हैं, जब जीवनसाथी बिछुड़ जाता है। ऐसा इसलिए क्योंकि वहां संयुक्त परिवार का प्रचलन नहीं है। ज्यादातर व्यक्ति जीवनसाथी की मृत्यु के पश्चात् घर में अकेले रह जाते हैं और वहां भी उन्हें जिंदगी काटने में परेशानी लगती है। घर काटने को दौड़ता है, किंतु उस समय हम उन क्षणों को याद करें, जो अच्छे क्षण हमने अपने जीवनसाथी के साथ बिताए तो निश्चित रूप से तनाव नहीं रहेगा, जिंदगी हसीन हो जाएगी।

2. अगर हमारा जीवन साथी नहीं है, जिंदगी नहीं कट रही है, बड़ी मुश्किल से दिन बीतता है। सवेरे उठते ही यह लगता है कि आज का दिन कैसे कटेगा, कब दोपहर होगी और कब होगी शाम? ऐसा होना वाजिब है। ऐसे क्षण में अगर आप जितना समय प्रतिदिन अपने जीवनसाथी के साथ बिताते थे, उससे आधा समय प्रतिदिन प्रभु के चरणों में बिताएं तो आपकी दिनचर्या भी अच्छी बीतेगी, समय भी कट जाएगा और जीवनसाथी से बिछुड़ने का दुःख कम लगेगा। इसके लिए आप अपने घर में ही ज्यादा समय मंदिर में बिताएं। अगर आप आँखें बन्द कर दिन में दो-तीन बार पन्द्रह मिनट से आधे घंटे का जप करेंगे तो आपको प्रभु के आशीर्वाद से एक आत्मिक शक्ति और शांति मिलेगी।

3. समय बिताने के लिए अब आप किसी सामाजिक सेवा संस्थान से जुड़ जाएं। इसके दो लाभ हैं– एक तो आपका समय अच्छा कटेगा और दूसरी तरफ आप समाज के लोगों को कुछ दे पाएंगे। उदाहरण के लिए, ग्रेटर कैलाश, नई दिल्ली में महिलाएं गरीब बच्चों के लिए आर्य समाज मंदिर में एक छोटा-सा स्कूल चलाती हैं। अच्छे घरानों की महिलाएं अपने घरों से सवेरे इस स्कूल में आती हैं। तनख्वाह लेने का तो काम ही नहीं, बल्कि तीन से पांच घंटे रोजाना अपना समय इन स्कूल के बच्चों को देती हैं, उन्हें पढ़ाती हैं और साथ ही स्कूल चलाने के लिए दान की व्यवस्था भी करती हैं। अतः जिंदगी के उस मोड़ पर जब आपका जीवनसाथी आपके साथ नहीं रहे तो आप किसी भी सामाजिक या सेवा संस्थान से जुड़ जाएं। सेवा संस्थान से जुड़ने से आपको आंतरिक शांति भी मिलेगी और आपका समय भी अच्छा व्यतीत हो जाएगा।

4. पढ़ो ज्यादा, गुणों ज्यादा। आप अपना समय अच्छे साहित्य को पढ़ने में लगाएं। जब आपको घर में अकेलापन महसूस हो, उस समय घर में बैठे-बैठे आप अकेले ही अच्छे साहित्य का अध्ययन कर सकते हैं। जो भी पुस्तक या पत्रिका आप पढ़ें, उसमें जो बात अच्छी लगे, उस बात को एक कॉपी में उतारते जाएं। हर पंद्रह-बीस दिनों में आपके हाथ से लिखी हुई बातें जो अलग कागज या कॉपी में लिखी हैं, उन्हें पढ़ें और मनन करें। हो सके तो किसी लाइब्रेरी के सदस्य बन जाएं और वहां जाकर अपना समय बिताएं। आपको निश्चित रूप से अच्छा लगेगा।

5. जाओ ज्यादा, देखो ज्यादा। जी हां, इस विचार बिंदु को अगर आप अपने दिल में बिठा लेंगे तो भी आपकी जिंदगी जीवनसाथी के बिछुड़ने के बाद अच्छी तरह चलती रहेगी। उदाहरण के लिए, आप मंदिर में समय-समय

पर जाते रहें। नजदीक के प्रतिष्ठित मंदिर में रोज जाना, किंतु जो मंदिर आपके घर से दूर है, उसमें भी समय-समय पर जाना। अगर आप यह आदत डाल लेंगे, तो आपको अच्छा लगेगा। सुबह सवेरे और शाम को अपने पार्क में घूमें। इससे आपकी सेहत भी अच्छी होगी और मन को भी खुला वातावरण मिलेगा। आपके घर में जो टी.वी. है, उसका भी उपयोग करें। दिन में दो बार सुबह एवं शाम कम-से-कम आधा-आधा घंटे का समाचार कार्यक्रम देखें और बाकी समय में आध्यात्मिक चैनल अथवा अन्य जो चैनल आपको पसंद आए, उसका लाभ लें। अगर आपका शौक फिल्म देखने का है तो फिल्म क्लब के मेम्बर बन जाएं जो आपको घर बैठे नई फिल्में देखने को दे देगा। अगर आपको ताश खेलने में रुचि है तो अपने दोस्तों के साथ या अपनी सहेलियों के साथ ताश खेलने का कार्यक्रम बिना पैसे अवश्य करें। पड़ोस में पैदल की दूरी पर रहने वाले कुछ दोस्त बनाएं। ऐसे दोस्त अथवा सहेली के घर पर आना-जाना रखें जिससे आपका समय अच्छा व्यतीत हो। धार्मिक अनुष्ठान जैसे भागवत् आदि के जब आयोजन हों तो उनमें भी हिस्सा लें। इससे आपकी मायूसी दूर होगी।

मुझे पूरा भरोसा है कि आप भी उपरोक्त बातों का ध्यान रखेंगे तो जीवन के उस मोड़ पर जब जीवनसाथी नहीं है तो भी आप शेष जिंदगी को अच्छी तरह से जीने में सक्षम हो पाएंगे। परिवार के अन्य सदस्य, रिश्तेदार एवं बच्चों के साथ ज्यादा घिरे रहने की चेष्टा करें। जी हाँ, आप चेष्टा ही कर सकते हैं क्योंकि जिस माहौल में हम रह रहे हैं, हो सकता है बच्चे ही आपके पास ज्यादा न आएं। अतः चेष्टा करें कि आप अपना समय उनके साथ बिता पाएं।

अगर आपके पास भी कोई अच्छे विचार हों कि जीवनसाथी से बिछुड़ने के बाद किस प्रकार जिंदगी व्यतीत की जाए, तो आप लेखक को पत्र द्वारा अपनी बात लिखें। यह भी बताएं कि उपरोक्त विचार बिंदु आपको कैसे लगे। लेखक से संपर्क करने का पता है:- सुभाष लखोटिया, एस-228, ग्रेटर कैलाश भाग-2, नई दिल्ली-110048, मो. 09810001665.

29

आध्यात्मिकता को भी लक्ष्य के साथ रखें

'यदि लक्ष्य के साथ आध्यात्मिकता का पुट लगा लिया जाए तो जीवन आनंदमय हो जाता है और शीघ्र ही लक्ष्य की प्राप्ति भी होती है।'

यह तो आप समझ ही गए कि ज़िन्दगी में अपने निर्धारित लक्ष्य को पाने की सतत् चेष्टा करनी है। प्रभु के आशीर्वाद के साथ अपने लक्ष्य की पूर्ति के कार्य में लग जाइए, सफलता अवश्य मिलेगी। एक बात तो सच है कि अगर आप आध्यात्मिकता का चोला साथ में रखकर चलेंगे तो आपको अपने लक्ष्य की प्राप्ति में ज्यादा सुगमता मिलेगी। अतः इस अध्याय में हम इधर-उधर के मुद्दों पर चर्चा कर रहे हैं जिससे आपको यह बात भली भांति विदित हो जाए कि आध्यात्मिकता को भी लक्ष्य के साथ-साथ लेकर चला जाए, इससे आपका भला ही होगा, नुकसान नहीं।

आपका गुरु ही अन्दर बैठा है। ऊपर चमड़ी है, अंदर शरीर रूपी जेल के सींकचों में बंद है। विचारों का मंथन झिंझोड़ रहा है। बेचैनी हो रही है तो क्यों न आजाद करें उसे? उपाय सरल है और अचूक भी, परन्तु वास्तविक ललक और तीव्रतम इच्छा की आवश्यकता है, तब आप अपनी अन्तरात्मा से बात कर सकते हैं। अरे मानव! तू चेत, स्वयं की शांन्ति और सुख के लिए तो अंतरात्मा की आवाज सुन ले क्योंकि काफी समय तक तू उसे अनसुनी करके, मस्ती में चूर दुनिया में विचरता रहा है। यह भी तू मत भूल कि अंतरात्मा की आवाज ही सत्य है, शिव है, सुन्दर है। उसे आपकी सुख, संपत्ति, समृद्धि, नाम,

ख्याति, धन, आभूषण आदि से कोई लगाव नहीं है। जरा विचार करें कि यह आपकी अंतरात्मा ही है, जो आपको सही ज़िन्दगी जीने में मदद कर रही है और वह भी बिना कुछ लिए।

जब कभी भी आपको अपनी जिंदगी में ऐसी स्थिति अनुभव हो कि किसी मसले पर अपने निकट के परिचित, रिश्तेदार अथवा दोस्त से सलाह-मशवरा करूं, परन्तु वास्तविक सच्चे दोस्त, सच्चे सलाहकार तो आज के दौर में विरले ही मिलते हैं तो ऐसे में अपनी अंतरात्मा की मदद लीजिए। अतः एकाग्रचित्त होकर अपनी अंतरात्मा से बात करने की प्रक्रिया शुरू करें। उस समय अंतरात्मा की आवाज आपको सुनाई देगी। इसके बाद वह आपकी विभिन्न समस्याओं को हल करने में मदद करने लगेगी। इसमें यह सावधानी रखनी है कि अन्तरात्मा की वार्ता के दौरान कोई अन्य विघ्न नहीं डाले, अन्यथा आपकी वार्ता का तारतम्य टूट जाएगा।

आध्यात्मिकता को ध्यान में रखते हुए कल्पना कीजिए कि आपको पहली नजर में ही प्यार हो गया। आपको यह बात अटपटी लग रही होगी, किन्तु पहली नजर में अगर प्यार हो जाए तो वह भी आध्यात्मिकता का ही रूप है। अपने लक्ष्य को साथ में मिलाकर इस बात को भी आप मद्देनजर रखें और फिर पाएं ज़िन्दगी का लुत्फ़।

अपने युवा जीवन के वे क्षण याद कीजिए, जिनकी झलक आज भी आपके मानसपटल पर ताजी है। वे क्षण, जब एक ही नजर में आपको प्यार हो गया। यह तो केवल एक अनुभव की बात है जिसकी अमिट छाप ज़िन्दगी भर मानसपटल पर रहती है। बस, ऐसे व्यक्ति जिन्होंने वह समय खो दिया है, जब उन्हें पहली नजर में प्यार हो जाना चाहिए था। उनके लिए आज भी एक अचूक नुस्खा है जिससे पहली नजर में ही उन्हें आज भी प्यार हो जाएगा और ऐसा प्यार जिसकी याद उन्हें वर्ष के पश्चात् वर्षगत आती रहेगी।

अब आइए, वास्तविक जीवन में उस प्रक्रिया पर चर्चा करें, जब आपको पहली नजर में ही प्यार हो जाए। जरूरत नहीं है कि आप अमीर व्यक्ति हैं, आप चाहे मध्यम परिवार में जन्मे हों अथवा गरीब परिवार में, चाहे नवयुवक हो या फिर वृद्ध; जरूरत इस बात की है कि क्या आप पहली नजर में ही प्यार को अनुभव करने के लिए तैयार हैं। जी हाँ, पहली नजर में प्यार एक अनुभव है, एक वास्तविकता है, एक चिरस्मरणीय अभिव्यक्ति है जिसे केवल अनुभव किया जा सकता है। अगर आप भी अनुभव करना चाहते हैं तो आपको

केवल इतना करना है कि किसी अस्पताल में, किसी असहाय व्यक्तियों के रहने वाली जगह पर अथवा वृद्ध व्यक्तियों के आश्रम में, जहाँ आपको ऐसे व्यक्ति मिलेंगे जिनके परिवार का कोई भी सदस्य उनकी परवाह नहीं कर रहा है।

बीमारी की अवस्था में, वृद्धावस्था के क्षण में और ऐसे दुखियारे व्यक्तियों के बीच में आप जब अपने आपको पाएंगे तो ऐसे व्यक्तियों से मुलाकात करके आपको पहली मुलाकात में ही प्यार हो जाएगा। यही है वास्तविक रूप में पहली झलक में ही प्यार की दास्तान। ऐसे प्यार की यह दास्तान अमिट है, अद्वितीय है, चिरस्मरणीय है। अगर आप इसका आनन्द लेना चाहते हैं तो लग जाइए गरीब, असहाय, निर्धन व्यक्तियों की सेवा में। ज्यादा नहीं, केवल एक व्यक्ति के चेहरे पर भी अगर आप मुस्कान ले आएं तो आपका जीवन सार्थक हो जाएगा और आप अनुभव करेंगे कि पहले ही क्षण में प्यार हो गया। जी हाँ, जिस व्यक्ति की आप निस्वार्थ सेवा कर रहे हैं, उस व्यक्ति से आपको आँखें मिलते ही प्यार हो जाएगा और यह प्यार की दास्तान ज़िन्दगी-भर अमिट रहेगी।

किसी भी क्षण आप शांत व एकांत जगह पर बैठकर उस क्षण की कल्पना करेंगे, जब आपने किसी व्यक्ति की मदद की थी। आपको उस पहले क्षण में जो प्यार हुआ, उसकी अनुभूति होगी और आपके सारे शरीर में अजीब तरह की गुदगुदी होने लगेगी। अगर आप कुछ भी नहीं कर सकते तो कम-से-कम असहाय व्यक्तियों का प्यार भरी मुस्कान से अभिवादन करें, उनके दुख की दास्तान सुनें, उनके साथ थोड़ा समय बिताएं। अगर आप बिना कोई पैसा खर्च किए भी अस्पताल में असहाय व्यक्तियों के साथ बातचीत करते हैं या वृद्धाश्रम में जाकर वृद्ध व्यक्तियों के साथ बातचीत करते हैं या उनकी मदद करते हैं, तो आप पाएंगे कि आपको उनसे पहली ही नजर में प्यार हो गया है। यह प्यार आपको अपने जीवन में एक नई स्फूर्ति देगा, एक नया आनन्द देगा और व्यावहारिक रूप से अध्यात्म की तरफ ले जाएगा।

स्वामी विवेकानन्द ने भी कई बार कहा है कि आप अगर किसी असहाय व्यक्ति की सेवा करते हैं , मदद करते हैं, उस व्यक्ति के चेहरे में आप भगवान देखते हैं तो निश्चित रूप से आप पाएंगे कि छोटी-छोटी मदद करने की हमारी प्रवृत्ति से हमें पहली ही नजर में अन्य व्यक्ति से प्यार हो जाता है, जिसकी अमिट छाप आगे आने वाले समय तक रहती है। अतः आध्यात्मिक आनन्द की प्राप्ति के लिए आप यदि असहाय व्यक्ति को मुस्कराहट देते हैं, थोड़ी मदद

करते हैं तो आप अपने आपमें एक ऐसे प्यार की झलक पाएंगे, जो चिरस्मरणीय रहेगी।

अगर आप लक्ष्य के साथ आध्यात्मिकता का पुट लगाकर चलेंगे तो ज़िन्दगी में कभी-कभी आपको मीठी घुटन महसूस होगी। आप अगर यह मीठी घुटन लक्ष्य की प्राप्ति के समय में महसूस कर रहे हों तो आपको कभी-कभी आनन्द भी आएगा और आध्यात्मिकता भी महसूस होगी। कुछ माह पूर्व हमारी नई गाड़ी हुन्डाई एक्सेंट आई थी, परन्तु दुर्भाग्यवश एक सप्ताह के भीतर ही हमारे घर के बाहर से गाड़ी चोरी हो गई। जैसी आशा थी वैसा ही हुआ, गाड़ी का पता न चला। अब इन्श्योरेंस कम्पनी की कानूनी कार्यवाही को पूरा करने का समय आ गया। जब कानूनी कार्यवाही के सभी मोड़ पूरे हो गए तो अब केवल एक कार्य रह गया, वह था गाड़ी के कागजों को इन्श्योरेंस कम्पनी के नाम करवाना। अतः मैं और मेरे पिताजी गाडियों के पंजीकरण दफ़्तर गए और वहाँ तीसरी मंजिल पर स्थित दफ़्तर में कानूनी कार्यवाही समाप्त करके लौटने लगे। सीढ़ी से उतरते समय मैंने देखा कि एक महिला एक हाथ में थैला लिए हुए और दूसरे हाथ से सीढ़ी की रेलिंग को पकड़े हुए चली आ रही थी।

यह दृश्य देखकर मेरे मन को एक अजीब-सा झटका लगा। मुझे लगा की इस बुढ़ापे में शारीरिक दुर्बलता के बावजूद इस महिला के साथ इसकी मदद के लिए परिवार का कोई भी सदस्य नहीं आया। यह विचार आते ही मैंने पुनः उस महिला की तरफ देखा और कहा कि माताजी, मैं आपको आपका हाथ पकड़कर ऊपर वाली मंजिल तक पहुँचा दूँ। एक सेकन्ड तक तो वह महिला मेरा चेहरा देखती रही, उसे शायद इस तरह की मदद देने वाले के बारे में विश्वास नहीं था। खैर, उस महिला ने संतोष भरी आँखों से देखते हुए कहा कि नहीं, वह चली जाएगी। उसे कोई परेशानी नहीं है और पुनः वह सीढ़ी पर झुकती हुई एक हाथ में थैला और दूसरे हाथ से सीढ़ी पकड़ती हुई थोड़ी ज्यादा चुस्ती से ऊपर की तरफ बढ़ने लगी। मुझे लगा उसे शायद इस बात की प्रसन्नता हो रही थी कि आज के भौतिकवाद के जमाने में जहाँ घरवाले भी मदद के लिए गायब रहते हैं, वहीं एक अपरिचित व्यक्ति ने मदद देने के लिए कहा। मुझे लगा कि इसी बात का ध्यान करते हुए उसका उत्साह बढ़ गया और वह आगे बढ़ गई।

मैं सीढ़ियों से नीचे उतर चुका था एवं पार्किंग में खड़ी गाड़ी में बैठने की तैयारी कर रहा था। अचानक मैंने अपने गले में एक विचित्र-सी मीठी घुटन अनुभव की। आप सभी ने भी रोजमर्रा की ज़िन्दगी में घुटन का अनुभव किया होगा, परन्तु मीठी घुटन का अनुभव शायद नहीं किया हो। जी हाँ, निस्वार्थ भाव से अगर हम तन, मन अथवा धन से किसी अपरिचित की मदद करें अथवा केवल मदद के बारे में ही सोचें तो आप स्वयं इस मीठी घुटन का अनुभव कर पाएंगे। मीठी घुटन के दौरान आपके गले में एक अजीब तरह की गुदगुदी होती रहेगी। कुछ वैसी ही गुदगुदी जो घुटन के समय होती है, परन्तु फर्क केवल यह है कि घुटन के समय जो गुदगुदी हमारे गले में होती है, वह हमारा सुख-चैन छीन लेती है। एक आध्यात्मिक मीठी घुटन की अनुभूति तब होती है, जब आप निस्वार्थ भाव से अच्छा संकल्प करें अथवा करने की सोचें।

मीठी घुटन के एक और रहस्य की बात यह है कि इसकी स्मृति स्थायी है। जी हाँ, भविष्य में जब कभी भी आपका मन अशांत हो, दुखी हो अथवा खिन्न हो, तब आप उसी समय तुरन्त उस दिन को याद करें, जब आपको मीठी घुटन हुई थी। शक्तिपात की परिपाटी के हिसाब से उस मीठी घुटन से आपको अपने आपसे शक्तिपात हो जाएगा और दुखी मन को एक नया आनन्द, स्फूर्ति व शांति प्राप्त होगी। यह एक आध्यात्मिक अनुभूति है, जो इसलिए लिखी जा रही है, ताकि पाठक इस आध्यात्मिक अनुभूति का लाभ ले सकें।

मुझे याद आ रहा है कि नेपाल के कैसिनों में जाने के लिए एक व्यक्ति तैयारी करता है। वह तैयारी के लिए सिर्फ कपड़े बाँधने का कार्य ही नहीं कर रहा है, बल्कि वह अपनी अटैची रुपयों से भर रहा है जिससे नेपाल के कैसिनों में जाकर खूब खेल सके, मौज-मस्ती व आनंद का लाभ ले सके। दूसरी तरफ एक अन्य व्यक्ति आनंद प्राप्त करने के लिए विदेश यात्रा करता है और तीसरा व्यक्ति आनंद प्राप्ति के लिए ब्लैक में टिकट खरीद कर सिनेमा हॉल में सिनेमा देखता है। इसी तरह चौथा व्यक्ति अपने ही घर में दोस्तों के साथ ताश खेलने का कार्यक्रम बनाता है, ताकि उसे भरपूर आनंद मिल सके। चारों व्यक्तियों का मुख्य उद्‌देश्य और लक्ष्य केवल एक ही है कि उन्हें आनंद की अनुभूति हो। कुछ समय पश्चात् नेपाल के कैसिनों में खेलकर अपना पूरा रुपया हारकर पहला व्यक्ति पुनः दिल्ली आ जाता है। दूसरा व्यक्ति विदेश की लम्बी यात्रा के पश्चात् पुनः भारत आ जाता है। इसी प्रकार रात्रि की समाप्ति पर सवेरा होते-होते चौथे व्यक्ति के साथ खेलते-खेलते

सभी दोस्त घर चले जाते हैं, फिर व्यक्ति अपने कमरे से उठता है और रोजमर्रा के कार्यों मे लग जाता है।

सभी व्यक्तियों ने अपने-अपने तरीके से आनंद लिया, आनंद की अनुभूति की, परन्तु सवाल यह उठता है कि उनके लिए आनंद की अनुभूति कितनी देर के लिए थी। यह तो था केवल क्षणिक आनंद। अगर मनुष्य को सच्चे आनंद की अनुभूति चाहिए और ऐसा आनंद, जिसकी आनंदमय याद अमर रहे तो उसे तन्मय होकर सच्चे हृदय से प्रभु स्मरण करना चाहिए। अगर प्रफुल्लित होकर आप प्रभु का स्मरण करें तो आप पाएंगे कि आपको जो आनंद की अनुभूति हो रही है, उस अनुभूति की कल्पना आप अन्य किसी भी आनंद से नहीं कर सकते।

प्रभु स्मरण से प्राप्त आनंद ही एक सच्चा आनंद है, अलौकिक आनंद है और चिर-स्मरणीय रखने लायक आनंद है। अगर आपके घर में भगवान का अलग मन्दिर बना हुआ है तो आप शहर के व्यस्त जीवन से कुछ समय निकालकर घर में ही बने हुए मन्दिर में आकर प्रभु स्मरण करें। प्रभु के नाम का जप करें और प्रभु से सच्चे मन से बात करने का प्रयास करें। आप पाएंगे कि आपके ज्वलंत प्रश्नों का उत्तर भी इस बातचीत के दौरान स्वत: ही भगवत कृपा से आपके पास पहुंच जाता है। प्रभु से सच्चे मन से बात करते समय यदि आपकी आंखों से अश्रुधारा बह चले, तब आप ऐसे आनंद की अनुभूति करेंगे, जिस आनंद को शब्दों में व्यक्त नहीं किया जा सकता, केवल अनुभव किया जा सकता है।

आपके पास सभी बौद्धिक सुविधाएं है, फिर भी आपको असीम आनंद की प्राप्ति नहीं होती। तीन घंटे का सिनेमा शो देखने के पश्चात् या कई घंटे नाच-गाने के पश्चात् भी आपको आनंद नहीं मिलता, जिससे यह तो भली-भांति जाहिर है ही कि आनंद केवल पैसों या मनोरंजन में नहीं होता। यदि आप सच्चा आनंद चाहते हैं तो आपको सुख-सुविधाओं को छोड़ने की आवश्यकता नहीं है, जरूरत है सिर्फ ऐसे व्यक्ति को ढूंढ़ने की जिससे हमारा कोई वास्ता नहीं हो, जिस व्यक्ति से हमारी मुलाकात, मेल-मिलाप न हो। यदि उस व्यक्ति की तन-मन-धन से किसी भी प्रकार मदद करेंगे, तब आप पाएंगे कि उसकी मदद करने के बाद आपके मन में जो अद्वितीय आनंद की अनुभूति होती है, उसका आप वर्णन नहीं कर पाएंगे। यह तो केवल एक अनुभूति ही है, जो अनुभव की जा सकती है। यह अनुभूति आप और हम सभी अनुभव

कर सकते हैं। कभी-कभी मनुष्य को चाहिए कि वह ऐसे लोगों से मिलने का प्रयत्न करे, जो गरीब हैं, असहाय हैं और जिनके दुःख को इस दुनिया में कोई सुनने वाला नहीं है। अगर आप ऐसे व्यक्ति से मिलें और आपने उसकी समस्या का समाधान किया तो उससे आपके मन को जो वास्तविक आनंद की अनुभूति होगी, उसकी कल्पना आप केवल अनुभूति करके ही कर सकते हैं।

जिस व्यक्ति को अपने लक्ष्य को पाने की धुन है, वह हर समय अपने लक्ष्य की तरफ नजर रखेगा, किन्तु साथ-साथ आध्यात्मिकता को भी नहीं छोड़ेगा। जब हम आध्यात्मिकता की बात कर रहे हैं तो मुझे याद आया एक संस्मरण, जहां मुझे मंदिर में भी आध्यात्मिकता का आनन्द मिल गया था। 4 जनवरी, 2004 शाम के समय हरे कष्ण हरे राम मंदिर, नई दिल्ली में राजस्थान क्लब का कवि सम्मेलन था। मैं और मेरी धर्मपत्नी भी उस कार्यक्रम में पहुंचे। कार्यक्रम की समाप्ति के पश्चात् हमने सोचा कि जब आए हैं तो मंदिर के दर्शन भी करते चलें। मंदिर भव्य रूप से सजा हुआ था, फव्वारे एवं रोशनी से और भी अधिक सुन्दर लग रहा था। दर्शन करके हम अपनी गाड़ी में बैठे। मेरी धर्मपत्नी मुझसे बोली, मेरी इच्छा है कि हम घर जाकर अपने घर के नौकर-नौकरानियों को मंदिर के दर्शन करवाएं, मैंने उसकी बात सहर्ष स्वीकार कर ली।

हम घर पहुंचे और घर पर काम कर रहे नौकर-नौकरानियों को कहा कि काम जैसे हैं, वैसे ही छोड़कर गाड़ी में बैठो, मंदिर के दर्शन करने चलेंगे। मैंने ड्राइवर व धर्मपत्नी से कहा कि तुम इन्हें दर्शन करवाकर आ जाओ। मेरी पत्नी का आग्रह था कि मैं भी साथ चलूं। अब हम सभी ने पुनः ईस्कॉन मंदिर, ईस्ट ऑफ कैलाश, नई दिल्ली की तरफ प्रस्थान किया। जब हमने नौकरों को मंदिर के दर्शन कराएं तो उनके चेहरे से एक अजीब-सी प्रसन्नता की झलक का अनुभव हो रहा था। उनके चेहरे की प्रसन्नता को देखकर हमें भी बड़ी प्रसन्नता हुई कि हमारे द्वारा हमारे नौकर-चाकरों को मंदिर के दर्शन मात्र करवाने से इन्हें कितना असीम आनन्द और प्रसन्नता प्राप्त हो रही है। मंदिर में ही ऊपर एक मिठाई की दुकान है। उस दुकान में हम सभी नौकरों-चाकरों को ले गए और उन्हें कहा कि जो मिठाई तुम्हे पसन्द हो, वह खाने के लिए ले लो। हमारी बात सुनकर सारे नौकर खुश हो गए। सबने अपनी-अपनी इच्छा के अनुसार मिठाई ली और खाई। उन्हें मिठाई खाते देखकर हमारा मन भी मीठा हो रहा था और हमें ऐसा लग रहा था कि अब हम बिना मिठाई खाए ही मिठाई खा रहे हैं।

इस संस्मरण को लिखने का तात्पर्य मात्र इतना है कि अगर आप भी छोटी-मोटी खुशी अपने नौकर-चाकर को देना चाहते हैं तो उससे कहीं ज्यादा खुशी और आध्यात्मिक आनन्द आपके द्वार पर आ जाता है। जरा सोचो, इतने छोटे-से कार्य से इतनी अधिक प्रसन्नता अगर आपको मिले तो क्या आप ऐसे कार्य बार-बार नहीं करना चाहेंगे। आध्यात्मिक आनन्द की एक झलक प्रभु कृपा से बिना मेहनत हमें प्राप्त हो गई। हम सोचते हैं कि समय-समय पर हम अपनी सेवा कर रहे कर्मचारियों को कुछ आनन्द प्रदान करने वाली गतिविधियों में सम्मिलित कराएंगे, ताकि उन्हें प्राप्त होने वाले आनन्द की मात्र अनुभूति से हम आनन्दित हो सकें।

आपको अच्छे लोगों के सत्संग से खुशी मिलती है और साथ ही प्रेरणा भी मिलती है अपने लक्ष्य की तरफ पहुंचने की। मुझे मदर टेरेसा के साथ बिताई हुई शाम की एक बात याद आ रही है, जो 16 अक्टूबर, 1979 की है। कलकत्ता के राजभवन में दीपावली मिलन समारोह आयोजित किया गया था। इस आयोजन में मैं और मेरे माता-पिता आमन्त्रित थे। भव्य आयोजन था, चहल-पहल बड़ी तेज थी। बिजली की रोशनी और आए हुए अतिथियों के परिधानों को देखकर आँखें चकाचौंध हो रही थीं। अचानक मैंने दूर से मदर टेरेसा को देखा। इच्छा तो हुई कि उनके पास जाकर मिलूं, परन्तु तुरन्त विचार आया, वे इतनी व्यस्त होंगी कि उनसे मिलने के लिए सैकड़ों लोग आतुर होंगे। ऐसे में मैं उनसे जाकर मिलूं तो कैसे मिलूं। मैं बड़े धैर्य के साथ मदर टेरेसा के समीप जाकर खड़ा हो गया। पहले तो मैं त्याग और सेवा की उस मूर्ति को निहारता रहा, जिसका अब तक हमने केवल नाम ही नाम सुना था। मैं उनके चेहरे के सादेपन को और सदैव बिखरती मुस्कराहट को एकटक देखता रहा। जब भीड़ थोड़ी कम हुई तो मैं मदर टेरेसा के पास गया और अभिवादन करने के पश्चात् मैंने उनसे अनुरोध किया कि क्या वे मुझे अपने हस्ताक्षर दे सकेंगी। मेरा प्रश्न समाप्त हुआ नहीं कि उससे पहले बड़े उत्साह के साथ उन्होंने कहा, हाँ-हाँ क्यों नहीं, परन्तु मैं अपनी आटोग्राफ बुक तो लाया ही नहीं था। मैं सोचने लगा कि अब क्या करूं, पल-भर में ही मन में विचार आया और मैंने पुनः मदर टेरेसा से अनुरोध किया कि क्या आप मेरे व्यापारिक कार्ड के पीछे ही अपने हस्ताक्षर का आटोग्राफ देने का कष्ट करेंगी। उन्होंने तत्काल मेरी बात सहर्ष स्वीकार कर ली और पेन लेकर हस्ताक्षर करने लगीं। समय का लाभ लेते हुए मैंने झट से मदर टेरेसा से कहा कि मैं बड़ा कृतज्ञ होऊंगा, अगर आप दो

लाइनें कुछ लिख दें। उसी तत्परता के साथ मदर टेरेसा ने उस कार्ड पर अंग्रेजी में लिखा, 'दूसरों को प्यार वैसे ही करो जैसे भगवान तुम्हें प्यार करता है। भगवान तुम्हें आशीर्वाद दे' –मदर टेरेसा (Loves others a God loves you: God bless you. –Mother Teresa)

मैंने आज तक करीब-करीब चौबीस वर्ष पहले मदर टेरेसा द्वारा दिए गए हस्ताक्षरयुक्त उस कार्ड को सम्भालकर रखा हुआ है। मेरे सामाजिक जीवन में मदर टेरेसा का वह छोटा-सा सन्देश मेरे मानसपटल पर अंकित है, जिसे मैं सेवाकार्य करते हुए प्रत्येक समय ध्यान रखता हूँ। आज भी जब मैं मदर टेरेसा की पहली मुलाकात को याद करता हूँ तो मेरी आँखों के सामने तुरन्त उनका सादापन, प्यारी-सी मुस्कराहट और आत्मीयता के भाव तैरने लगते हैं।

इसके बाद तो मदर टेरेसा से मिलने का सिलसिला जब तक हम कलकत्ता में रहे, तब तक चलता रहा। मदर टेरेसा की संस्था मिशनरी ऑफ चैरिटी के दफ्तर के ठीक सामने ही आयकर विभाग का दफ्तर था, जहाँ मुझे प्राय: जाना पड़ता था। पहली मुलाकात के कुछ दिन पश्चात् ही मैंने सोचा कि चलो मदर टेरेसा से हैलो कर लिया जाए। मैं उनके कार्यालय में गया, वहाँ जो सिस्टर थी, उन्हें बताया कि मैं मदर टेरेसा से कुछ दिन पूर्व राजभवन में मिला था और मैं आज उनसे केवल हैलो करने आया हूँ। मैंने सोचा, क्या वे बुलाएंगी मदर टेरेसा को और क्या उनको याद होगी एक छोटी मुलाकात, परन्तु मेरी आँखें ठगी-सी रह गईं, जब मैंने देखा केवल तीन मिनट पश्चात् मदर टेरेसा मेरे सामने खड़ी थीं। वे वही प्यार भरी शांति उड़ेलती और आत्मीयता प्रदान करती हुई आईं और मुझसे बड़ी आत्ममीयता और प्यार से मिलीं।

मदर टेरेसा ने इस मुलाकात में मुझे कहा कि वे चाहती हैं, मैं उन बच्चों को कोई नौकरी वगैरह पर लगा दूँ जिन्हें वे पाल रही हैं। मैंने सहर्ष स्वीकृति दे दी और कहा कि मदर टेरेसा! मैं जरूर कुछ-न-कुछ इन बच्चों की नौकरी लगाने के लिए कार्य करूंगा। उनके कहने पर मैं पार्क स्ट्रीट के पास उनकी संस्था द्वारा चल रहे एक सेंटर में गया और वहाँ रहने वाले व्यक्तियों से बातचीत की। तत्पश्चात् उनकी नौकरी में मदद की और कुछ की नौकरी भी लगवाई। बाद में जब कभी भी मैं मदर टेरेसा से मिलता तो वे हमेशा मुझसे यही पूछती थीं कि आप क्या कर रहे हैं इन बच्चों की नौकरी लगाने के बारे में। सादगी, आत्मीयता और निस्वार्थ सेवा भावना से ओत-प्रोत मदर टेरेसा से हुई मुलाकात को अनेक वर्ष हो गए, परन्तु आज भी मैं जब आँखें बन्द करके बैठता हूँ तो

उनकी मधुर आवाज और वात्सल्य भरा व्यक्तित्व मेरे मानसपटल पर उभर आते हैं। अमर रहे मदर टेरेसा और अमर रहे मदर टेरेसा से मेरी पहली मुलाकात।

जब आप लक्ष्य प्राप्ति की ओर बढ़ते हैं तो लगता है कि आपकी ज़िन्दगी का बैंक बैलेन्स बढ़ रहा है। क्यों नहीं बढ़े, विशेष तौर से जब आप अपने लक्ष्य को पूरा कर पाएंगे, तो निश्चित रूप से आपकी ज़िन्दगी के बैंक एकाउन्ट का बैलेन्स भी बढ़ता जाएगा, फिर भी यहाँ मैं एक ऐसे बैंक एकाउन्ट की बात बताना चाहता हूँ जो बैंक में जाकर नहीं खुलता, बल्कि भगवान के चरणों में जाकर खुलता है। अतः आप भी भगवान के यहाँ अपना बैंक एकाउन्ट खोलो। इस बात को सुनकर आश्चर्य होता है कि भगवान के यहां बैंक एकाउन्ट कैसे खोलें, परन्तु वास्तविक बात यह है कि आप घर बैठे ही बिना घर से निकले प्रभु के पास एक बैंक एकाउन्ट खोल सकते हैं। यह बैंक एकाउन्ट खोलने के लिए आपको रुपये भी खर्च नहीं करने हैं। बिना रुपये के ही बैंक एकाउन्ट खुल जाएगा तो फिर क्यों नहीं आज ही हम प्रभु के बैंक में अपना एकाउन्ट खोलें। जी हां, एक कागज लें और उसमें चार कॉलम बनाएं। सबसे पहले लिखें दिनांक, विवरण, फिर जमा, खर्च और अन्त में लिखें बाकी। अब आप इस बैंक एकाउन्ट के कार्य को करने के लिए चालू हो जाएं। जब कभी भी आप अच्छे कार्य करें, उनका विवरण इस बैंक एकाउन्ट की पास बुक में लिखें और जमा वाले कॉलम में उस कार्य को लिखें, जो आपने अच्छा किया है। इसी प्रकार जो आपने गलत काम किया, किसी की आत्मा को दुखाया, किसी को लूटा, किसी को ठगा या अन्य कोई भी गलत काम किया तो आप उस कार्य को भी इस बैंक के खर्च के खाते में लिखें। यह हुआ प्रभु के पास आपका बैंक एकाउन्ट।

सुप्रसिद्ध आध्यात्मिक वक्ता श्री परमहंस योगानन्द ने भी इस बात को माना है कि आप आज ही अपना बैंक एकाउन्ट भगवान के साथ खोलें। कृपया यह ध्यान रहे कि हम जीवन केवल प्रभु की कृपा से ही जी रहे हैं। अतः बैंक एकाउन्ट को कम-से-कम महीने में एक बार अवश्य ही लिखें और साल के अन्त में देखें कि आपने कितना जमा किया है और कितना खर्च किया है। अगर आपको यह विचार पसन्द आया हो तो अपने इष्ट मित्रों और रिश्तेदारों को इस बात की प्रेरणा दें कि वे भी प्रभु के पास अपना बैंक एकाउन्ट खोलें और वर्ष में कम-से-कम एक बार स्वयं का आत्म निरीक्षण करें।

लक्ष्य पूरा करने के लिए समय-समय पर आप अलग-अलग कार्य करते हैं, सतत् प्रयत्नशील रहते हैं और चलते-चलते अचानक ही कोई आध्यात्मिक

अनुभव और आनन्द आ जाए तो आप उस आनन्द को भी न छोड़ें। यदि आध्यात्मिक आनन्द ज़िन्दगी में आता जाएगा तो आपको अपने लक्ष्य की तरफ रुचि और ज्यादा होती जाएगी।

मुझे कुछ वर्ष पहले की बात याद आ रही है। मेरे सवेरे का कार्यक्रम यही होता था कि सवेरे उठना, तैयार होना और फिर गाड़ी को स्टार्ट कर गाय का दूध लाने के लिए प्रस्थान करना। पिछले छः महीने से, यह तो रोज का काम हो गया था, पर जब से पेट्रोल के दाम अधिक बढ़ गए तो सोचा क्यों नहीं सवेरे नौकर को ही दूध लाने के लिए भेज दिया जाए। इससे मेरे समय की बचत होगी और पैसे भी बचेंगे। सिलसिला शुरू हो गया और नौकर साइकिल पर दूध लाने के लिए जाने लगा। दिल्ली में सर्दी का मौसम प्रारम्भ हो चुका था और जब नौकर को दूध लाने की बाल्टी दी गई तो वह बोला कि साहब आज तो बहुत ज्यादा ठंड है और हवा भी तेज चल रही है। मैंने तुरन्त बाल्टी उसके हाथ से ले ली और कहा, कोई बात नहीं, तुम यहीं रहो, हम ही दूध ले आते हैं।

मैं कार चलाकर ग्वाले के पास गया। ग्वाले ने मुझे दूध दिया। अब घर की तरफ प्रस्थान करने का समय था। रास्ते में गाजर और मटर बहुत ताजा दिखाई दिए तो सोचा मौसम के हिसाब से ताजा सब्जियाँ अच्छी रहेंगी। अतः मैंने मटर और गाजर ले लीं। इतनी ही देर में पुलिस की गाड़ी आई, सब्जी वाले की दुकान के बाहर रुकी और एक पुलिस वाले ने गाजर का दाम पूछा। मैं मन-ही-मन सोच रहा था कि यह दुष्ट पुलिस वाला बेचारे गरीब सब्जी वाले से मुफ्त में ही किलो या दो किलो गाजर और मटर ले जाएगा और डन्डे का जोर दिखाकर दो-चार गालियाँ भी दे जाएगा। पर मुझे का सुखद आश्चर्य तब हुआ, जब मैंने देखा कि पुलिस वाले ने गाजर खरीदी और पर्स से पैसे निकालकर सब्जी वाले को दिए। मैं अपनी गाड़ी स्टार्ट कर चलने ही वाला था कि रुक गया। मैं पुलिस वाले के पास गया और उसके कन्धे पर हाथ रखकर आत्मीयता से कहा कि आज मुझे वास्तव में सुखद आश्चर्य हो रहा है कि आप पुलिस वाले हैं, फिर भी पैसे देकर सब्जी खरीद रहे हैं, अन्यथा हम लोगों की तो धारणा यही है कि पुलिस वाले आएंगे, दो-चार डन्डे लगाएंगे और बेचारे गरीब सब्जी वाले से सब्जी मुफ्त में ही ले जाएंगे। तत्पश्चात् मैंने पुलिस वाले को धन्यवाद देकर कहा कि मेरी यह धारणा है कि जो कोई अच्छा काम कर रहा है, उसकी प्रशंसा जरूर करनी चाहिए। पुलिसकर्मी भी धन्यवाद देता हुआ गाड़ी चलाकर चला गया और मैं उसे देखता रह गया। मेरे मानसपटल

पर एक अमिट छाप पड़ गई कि पुलिसवाले ऐसे भी हैं, जो मानवता से पूर्ण हैं और केवल धौंस नहीं जमाते हैं।

मैंने गाड़ी के आगे वाली सीट पर दस-बारह मोजे की जोड़ियां रखी हुई थीं, ताकि उन्हें जरूरतमन्द लोगों के बीच बांट सकूं। सबसे पहले तो मैंने एक मोजे की जोड़ी उस गरीब सब्जी वाले को दी, जो सर्दी में चप्पल पहने ठिठुर रहा था। मैंने कहा, तुम मोजे पहनोगे? कुछ सेकंड के लिए तो वह बेचारा बोल ही नहीं पाया। मुझे लगता है, उसे लगा होगा कि उससे इतनी आत्मीयता से बात करने वाले कितने कम लोग हैं। जब मैंने उस सब्जी वाले को मोजे दिए तो सब काम छोड़कर झटपट उसने नए मोजे पहन लिए। उसके चेहरे पर प्रसन्नता झलक रही थी। मैं गाड़ी के पास पुनः पहुंचा तो रास्ते में देखा कि रिक्शा चालक खाली पैर साइकिल रिक्शा चलाता आ रहा है। रिक्शा चालक के पास भी मोजे नहीं थे, मैंने उसे भी मोजे दिए और इस प्रकार अन्य रिक्शा चालक जो उस रास्ते से चले आ रहे थे, उन्हें मोजे वितरित करता रहा।

सड़क के एक कोने पर मैंने देखा कि एक 35 साल का नौजवान गेरुए वस्त्र पहने दुबककर बैठा हुआ था और उसी के पास उसकी 10 या 12 साल की बेटी भी थी। पिता और पुत्री चुपचाप बैठे थे। मैं उनके पास गया और उनसे पूछा कि इतनी सर्दी में तुमने कपड़े भी नहीं पहन रखे हैं और कम्बल क्यों नहीं ओढ़ा तथा बच्ची को पढ़ाते हो या नहीं। उसने जवाब दिया कि उसकी पत्नी अन्धी है और दो और छोटे बच्चे हैं। कम्बल के लिए पैसे कहां और पढ़ाई का तो सवाल ही नहीं उठता है। मेरी इच्छा हुई कि तुरन्त बाजार में जाऊं और दो कम्बल लाकर इन्हें भेंट करूं, परन्तु करता भी तो क्या, लाचारी थी। सवेरे 8 बजे का समय था। दुकान तो खुली नहीं थी। मैंने उस नवयुवक के हाथ में 200 रुपये रखे और कहा कि आज तुम जरूर दो कम्बल खरीद लाना। हाँ, इस पैसे को शराब आदि में बरबाद मत करना। आस-पास चाय की दुकान थी, लोग इकट्ठे होकर देख रहे थे और बोल भी रहे थे कि इसे पैसे मत दो। ये लोग ऐसे ही होते हैं। मैंने इन बातों की तरफ ध्यान नहीं दिया और पुनः उस व्यक्ति से बोला कि जरूर तुम अच्छे कम्बल ले आना।

मेरा मानना है कि अगर हम 10 जगह दान-धर्म करते हैं और उसमें दो-चार व्यक्ति हमारी आत्मीयता का अनुचित लाभ उठाकर हमें धोखा देते हैं तथा कम्बल आदि के लिए दिए हुए पैसे से शराब आदि पी लेते हैं तो भी हमें दान देना नहीं छोड़ना चाहिए। ऐसी शिक्षा सुप्रसिद्ध साहित्यकार लियो टॉलस्टाय

ने भी दी थी। अब मैं आगे बढ़ा और लाल बत्ती पर गाड़ी रुकी। मैंने सामने देखा कि एक व्यक्ति जिसके पैर नहीं हैं, अपनी चार पहिए की गाड़ी पर भीख मांगने मेरे पास आ गया। मेरी गाड़ी में एक विदेशी चॉकलेट रखी हुई थी जिसे मैं अपनी यूरोप की यात्रा से लाया था और सोचा था कि मैं इसे बड़े चाव से गाड़ी चलाते-चलाते खाऊंगा, परन्तु जब वह व्यक्ति मेरे पास आया तो मैंने अचानक पूरी इम्पोर्टिड चॉकलेट उसके हाथ में दे दी। उसका चेहरा देखने लायक था। चेहरा तो मेरा भी देखने लायक था, क्योंकि मुझे भी उसका चेहरा देखकर बहुत आनन्द आ रहा था।

अब मैंने घर की ओर प्रस्थान किया तो अचानक मेरे कंठ के निचले हिस्से पर एक अजीब-से अद्वितीय स्वाद का अनुभव हुआ। ऐसा स्वाद जिसकी कभी मैं कल्पना भी नहीं कर सकता। एक तरफ तो हम करेले, नीम आदि के स्वाद को पहचानते हैं तो दूसरी तरफ रबड़ी, मालपुये और शरबत के स्वाद को भी पहचानते हैं। परन्तु मुझे अचानक जिस अजीब-से स्वाद की अनुभूति हुई, उसका मैं वर्णन भी नहीं कर सकता। मुझे अचानक लगा कि ऐसे छोटे-छोटे आध्यात्मिक और सेवा के कार्य करने से अगर प्रभु की कृपा होती है, तब जाकर ऐसे अद्वितीय अवर्णनीय स्वाद की अनुभूति गले के निचले हिस्से में होती है। यह मेरा निजी अनुभव है जो मैंने कई बार किया है। इसके लिखने का एकमात्र तात्पर्य यह है कि पाठक सेवाभावी व आध्यात्मिक कार्य चाहे छोटे या बड़े करते रहें और प्रभु की असीम कृपा का प्रसाद इस तरह के अद्वितीय पेय पदार्थ के रूप में ग्रहण करें, जिसे वर्णित नहीं किया जा सकता, केवल अनुभव किया जा सकता है। मुझे ऐसा लगा जैसे प्रभु के द्वारा सीधे मेरे मुंह में चरणामृत प्रवेश कराया गया है। आप भी संकल्प करें और प्रारम्भ करें निःस्वार्थ सेवा के कार्य, चाहे छोटे अथवा बड़े। आप अद्वितीय आनन्द एवं आध्यात्मिक प्रसन्नता का अनुभव करेंगे।

अपने लक्ष्य को पूरा करने के लिए कभी-कभी आप आध्यात्मिक नींद का सहारा भी लें तो आपको आनन्द आएगा और लक्ष्य प्राप्ति की पहल में मदद भी मिलेगी। अतः आप भी इस आध्यात्मिक नींद का आनन्द लें। जब नींद लेते हैं तो उद्देश्य यह होता है कि हम सोकर उठें तो पुनः अपने आपको चुस्त महसूस करें और हमारी खोई हुई ताकत हमें पुनः प्राप्त हो। कई व्यक्ति लम्बे समय के लिए सोते हैं, ताकि उन्हें ज्यादा चुस्ती और आनंद महसूस हो। कई बार ऐसा भी देखा जाता है कि लम्बी व अच्छी नींद लेने के पश्चात् भी व्यक्ति को तरोताजगी महसूस नहीं होती।

अगर आप नींद का भरपूर आनंद लेना चाहते हैं और कम समय में नींद लेने के पश्चात् भी तरोताजगी महसूस करना चाहते हैं तो आपको चाहिए कि आप आध्यात्मिक नींद का आनंद लें, परन्तु सवाल यह है कि आध्यात्मिक नींद क्या बला है? इस आध्यात्मिक नींद का आनंद लेने से आप कम समय की नींद लेकर भी ज्यादा तरोताजगी महसूस करेंगे और शरीर में थकावट भी महसूस नहीं होगी। साधारणतः किसी व्यक्ति को बताया जाए कि आप कम नींद लें और ज्यादा ताजगी महसूस करें तो इस बात पर वह व्यक्ति हंसेगा, परन्तु वास्तविकता यह है कि अगर आप आध्यात्मिक नींद का सही मायने में आनंद लें तो कम नींद में भी और अधिक ताजगी महसूस करेंगे।

आइए, अब हम तैयारी करें कि आध्यात्मिक नींद किस प्रकार ली जाए? सबसे पहले मन और दिमाग को शांत रखकर, आंखें बंद करके लेट जाएं। आंखें बहुत ज्यादा तेज बंद नहीं हों। सामान्य रूप से ही बंद हों। अब आप उस भगवान के नाम को याद करिए, जिसके नाम पर आपको विश्वास है। अब आप आध्यात्मिक नींद लेने के लिए पूर्णतः तैयार हैं। दिमाग के चित्र से आप सभी प्रकार के विचारों को मिटा दें। अच्छे-बुरे विचार, काम-काज आदि से सम्बंधित विचार या घरेलू परेशानियों से सम्बंधित विचार सभी को अपने मन से हटा दें। चिन्ता न करें, अगर कुछ देर के लिए मन में विचार आ रहे हों तो आने दें और जाने दें। इसी प्रक्रिया को आध्यात्मिक नींद कहते हैं।

अभ्यास के पश्चात् आप पाएंगे कि भविष्य में आध्यात्मिक नींद के दौरान आप अपनी आत्मा से बात भी कर रहे हैं। इसी आध्यात्मिक नींद के दौरान आत्मा से बात करते-करते आपको कई बार ऐसी समस्याओं का समाधान मिल जाएगा, जिनके बारे में आप कई दिनों से चिन्तित थे। आध्यात्मिक नींद के लाभ इतने हैं कि हमारे देश के पुराने साधु-संतों ने आध्यात्मिक नींद का हमेशा ही प्रयोग किया और यह उन्हें समाधि तक ले गई। साधारण मनुष्य आध्यात्मिक नींद से अपने मन को शांत कर सकते हैं और तरोताजगी महसूस कर सकते हैं। ध्यान रहे कि अगर आपको आध्यात्मिक नींद का भरपूर आनंद लेना है तो आंखें बंद करके लेटने के पश्चात् अपने इष्ट देवता का स्मरण करें। उस दौरान आंखें नहीं खोलें, मुंह भी बंद रहे तथा मुंह बंद करने के पश्चात् पूरे जोर से आवाज करें। इस प्रकार अब आप अपने इष्टदेव का नाम आंखें बंद कर बिना मुंह से आवाज किए लेते जाइए। यह प्रक्रिया एक प्रकार से मानसिक जप जैसी है। एक अवस्था में आपका दिमाग पूर्णतः शांत हो जाएगा और आप अपने आपको

स्वयं से बातें करते हुए देख पाएंगे। जब आप आध्यात्मिक नींद लेंगे तो आप आध्यात्मिक प्रसन्नता और आनंद का अनुभव करेंगे। आध्यात्मिक नींद 10 से 15 मिनट में ही किसी व्यक्ति की थकान को पूर्णतः मिटा सकती है। अतः ऐसे कामकाजी व्यक्ति जिन्हें समय की मर्यादा के तहत कार्य करना पड़ता है, उन्हें चाहिए कि वे आध्यात्मिक नींद को अपनाएं और सतत् प्रयास करते हुए आध्यात्मिक नींद का आनंद बिना किसी परेशानी के लें।

एक बात तो निश्चित है कि अगर आपने लक्ष्य के साथ-साथ आध्यात्मिकता का चोला पहन लिया तो आपको ज़िन्दगी में आनन्द-ही-आनन्द मिलेगा। कई बार आपको ऐसा लगेगा कि आप स्वयं महात्मा हैं। आपको यह अनुभूति तब होगी, जब आप आध्यात्मिकता को हमेशा अपने साथ जोड़े रहेंगे, लक्ष्य पूर्ति के समय भी। भारतीय धर्म में महात्मा, संत, ज्ञानी, गुरु, आदि शब्द उच्चबोध के सूचक हैं। महात्मा वह है जिसके चित्त की समस्त वृत्तियां शांत हो गई हैं, सभी प्रकार के संकल्पों का जिसके चित्त से अंत हो गया है तथा केवल उस चैतन्य आत्मा में विश्वास है। जिसके संकल्प शेष हैं, कुछ करने की वासना है, जिसमें अहंकार है, जिसका मन सदैव उद्वेलित एवं चिंतित है, जिसमें स्वर्ग और मोक्ष की भी कामना है, जो अच्छे-बुरे में भेद करता है, जिसे जीव-ब्रह्म और सृष्टि में भिन्नता दिखाई देती है, वह न ज्ञानी है और न ही महात्मा। राख लपेटने से, नग्न हो जाने से, भगवा पहन लेने से कोई महात्मा नहीं बन जाता। जो संकल्पों से रहित होकर आत्मज्ञान को उपलब्ध हो गया है, वही महात्मा है। उसके लिए मोह, संसार एवं मुक्ति तक का भी कोई स्थान नहीं है। ये सब उसके लिए व्यर्थ हो गए हैं। ये सब मन की वृत्तियां ही हैं। जब मन ही नहीं रहा तो इनका अस्तित्व भी नहीं रहता।

30

हंसते हुए लक्ष्य प्राप्त करें

'मनुष्य को यह सावधानी रखनी चाहिए कि वह इतना अधिक बुद्धिमान न हो जाए कि हंसने जैसी महान खुशी से वंचित रहने लगे।'

–थॉमस अल्वा एडीसन

ज़िन्दगी में आपने लक्ष्य बना लिया। अब आपका काम केवल यही रह गया कि उस लक्ष्य की प्राप्ति के लिए सतत् प्रयत्न करते रहना। ऐसा भी नहीं होना चाहिए कि आप लक्ष्य प्राप्ति करते समय बड़े ही 'बोर' व्यक्ति बन जाएं और हंसना भी भूल जाएं, हमेशा लोगों को सुस्त नजर आएं, हमेशा चेहरे पर तनाव। ऐसे व्यक्ति से कोई प्यार नहीं करता, ऐसे व्यक्ति को कोई दोस्त नहीं बनाता, ऐसे व्यक्ति की संगत में भी कोई रहना नहीं चाहता। आखिर हसीन ज़िन्दगी के लिए आप भी चाहते हैं कि आप अग्रसर हों। लक्ष्य भी प्राप्त होता जाएगा, पर उसके साथ-साथ इस बात का भी अवश्य ध्यान रखें कि आप हमेशा हंसते रहें। हंसना न भूलें।

कुछ दिन पहले मैंने इस बारे में एक व्यक्ति के विचार इधर-उधर चलते-चलते पढ़ लिए थे। वे विचार कुछ इस प्रकार थे – 'मित्र तुम हँसते क्यों नहीं हो? आकाश चन्द्रमा का तिलक लगाकर हँस रहा है। धरती अपनी छाती पर पेड़-पौधे सजाकर हँस रही है। पर्वत की चोटी पर बर्फ चमकती दुल्हन की कतार दिखाकर हँस रही है। समुद्र की सतह पर लहरें हँस-हँसकर लोट-पोट हो रही हैं। सूरज-चांद दोनों दौड़ते हुए खेल-खेलकर हँस रहे हैं। तारे आँख झपका-झपकाकर मुस्करा रहे हैं। बादल ठहाके लगाकर शोर मचा रहे हैं। बिजली बादल की कश्ती पर सवार होकर अपनी हँसी को छिपा नहीं पा रही

है। बारिश की बूंदे छम-छम कर नृत्य कर रही हैं। इंद्रधुनष धारीदार पोशाक पहनकर मुस्करा रहा है। हवाएं फूलों की खुशबू चुराकर हँस-हँसकर मज़ा ले रही हैं और उन्हें बांहों में भरकर ठहाके लगा रही हैं। अलबेली नदी हँस-हँसकर कल-कल करके बहती हुई मस्त हो रही है। जंगल का झरना ठहाके लगाते हुए उछलता हुआ-सा प्रतीत हो रहा है। पक्षी उड़-उड़कर अपनी खुशी का इज़हार कर रहे हैं।

दूसरी ओर इन्सान पता नहीं क्यों अपना मुरझाया मन लेकर घूम रहा है? मज़ा और खुशी ढूंढ़ रहा है, पर खुशी उससे दूर होती जा रही है। कोई किनारे पर खड़े होकर और कांटों से डरकर लम्बी-लम्बी सांसें लेती मंजिल को गाली दे रहा है। किसी को आने वाले कल की चिंता ने घेर लिया है। डर में आधा जीवन चला गया है, बाकी बचा हुआ आधा जीवन सिसकते और कमियां निकालते बिता रहा है। किसी को जमाने की गर्दिश ने दिन में भी तारे दिखा दिए हैं। वह वास्तविक दुनिया से नाराज होकर दुखी-सा बैठा है। भगवान को ताने, उलाहने, दोष देकर घड़ियाँ गुजार रहा है। कोई दिल के दर्द को हाथ में पकड़कर शिकारी की बेदर्दी पर गज़ल गा रहा है। किसी के दिल को महबूब की बेवफाई ने चीरकर रख दिया है, जख्मी दिल लेकर मोहब्बत को बदनाम करने के लिए खुद को मार रहा है। किसी को मजा लेने का मन कर रहा है, पर मजा खरीदने के लिए पैसा नहीं है। मजा लेने की आग उसे भस्म करने की कोशिश कर रही है। किसी को दुनिया को सुधारने का जुनून सवार है और हाथ फैलाकर मथनी की तरह घुमा रहा है। किसी को बीमारी ने पकड़ लिया है। अपने आपको बचाने के लिए बेचारे देवदूत डॉक्टर भाइयों की शरण लेने की सोच रहा है। लगता है किसी को भी प्यार करने की फुर्सत नहीं है। कोई औरत के नखरों से तंग है, कोई पति की परवाह में बेजार है तो कोई सरकार की नीतियों से नाराज है। कोई साहूकार के जुल्म से तंग है तो कोई समाज की जंजीरों में जकड़ा हुआ है। कोई झूठे वायदों का सताया हुआ है तो कोई जमाने की चोट से परेशान है। कोई पैसों की तंगी से हैरान है तो कोई नौजवान के चरित्र पर अफसोस कर रहा है तो कहीं कोई नए-नए फैशन पर अरमान निकाल रहा है। मतलब यह है कि किसी के पास शिकायत तो किसी के पास फरियाद, किसी के पास सिसकियां तो किसी के पास कमियां-ही-कमियां हैं। हँसने की ताकत तो किसी के पास जैसे रही ही नहीं।

सारी सृष्टि में इन्सान ही एक ऐसा प्राणी है जिसे हँसने का गिफ्ट मिला है। रोना तो पक्षियों को भी आता है। बकरी मिमियाती है, मछलियां सिसकियां भरती हैं, पर उनमें से किसी में भी हंसने की ताकत नहीं है। इन्सान ही ऐसा जीव है, जो बांहें फैलाकर हँस सकता है, फिर भी पता नहीं क्यों वह हँसना भूल गया है। अभी किसी इन्सान को चिंता, घुटन की आदत हो तो कहेगा इसके बिना गुजारा कैसे होगा? अपनी चिंता नहीं होगी तो घर के सदस्यों की चिन्ता करेगा। अभी जो नहीं होगी तो भूतकाल की याद करके रोएगा। महफिल में रोता-मुरझाता चेहरा लेकर जाएगा। खुशी के स्वर में ग़म का राग मिलाएगा। उमंग से होने वाले नाच में शिकायत का राग बजाएगा। फुर्सत में फिक्र को बुलाएगा। शादी के वक्त किसी की मौत को याद करेगा। कभी संशय भ्रम निकालकर झगड़ा तो कभी प्यार के लिए शर्त रखेगा। कभी अपनी मशहूरी के लिए अपने को ओवर एक्सपर्ट करके फिर बैठककर रोएगा। प्रकृति तो हम पर हँसती होगी, मुफ्त में अपने आपको दुःखी कर आशाओं का तेजाब मुंह के ऊपर गिराकर, ग़म में अपने मन को काला कर, दिल को नासूर का मर्ज़ देकर, सारी उम्र आंसू बहाते रहते हैं। ऐ इन्सान, तू हँस क्यों नहीं रहा है?

हँसना भी एक किस्म का पुण्य है। खुशमिजाज इन्सान उस सूर्य की तरह है, जिसकी किरणें दिलों के गम रूपी अंधेरे को झाड़ू लगा देती हैं। हंसमुख इन्सान उस फव्वारे की तरह है जिसके शीतल छींटें दूसरों को बाहर से फायदा पहुंचाते हैं, पर यही नहीं अपने आपको भी लाभ देते हैं। हँसने से चेहरे पर रंगत और लालिमा आ जाती है और मन तंदुरुस्त रहता है। हँसने में कोई खर्चा भी नहीं है। यह तो मुफ्त की खुराक है। कुदरत ने हमें खुश रखने के लिए बहुत कुछ दिया है, पर हम एक भूल करते हैं कि अपना सुख अपने आधीन नहीं रखते तथा अपने सुख का आधार किसी गैर इन्सान, किसी चीज या किसी बात पर रखते हैं। उस दूसरे पर हमारा वश चल भी नहीं सकता, क्या वह हमें खुश रखने के लिए मजबूर हैं? जिस प्रकार का और जितना सुख हमें चाहिए, उतना और वैसा ही सुख वह कैसे देगा? वह हमें सुखी रखने के लिए अपने आपको क्यों निचोड़ेगा या परवाह करेगा? अगर हम अपना सुख अपने ही आधीन रखें तो हमें रोने की जरूरत ही नहीं है। यह बात सुनने की नहीं, अमल में लाने की है। यह सुनकर और समझकर तुम एक बार हँसते क्यों नहीं हो?

अतः जब भी आप अपने लक्ष्य को पूरा करने की ओर अग्रसर होते रहें, सब कार्य करते रहें, कड़ी मेहनत करते रहें तो हंसना कभी न भूलें। हो सकता

है, आप रोजमर्रा की ज़िन्दगी में अपने लक्ष्य की तरफ जबरदस्त प्रवाह के साथ गोते लगा रहे हों, उस समय पूरे दिन में शायद हंसना भूल जाएं। ऐसी स्थिति में बेहतर यही होगा कि रोज सवेरे दिनचर्या समाप्त करने के पश्चात् आप बैठकर जरा तेजी से 3 से 5 मिनट तक हंस लें। इस बात का ध्यान रखें कि अगर आप हंसेंगे तो आपका अलग तरह का व्यक्तित्व बन जायेगा। आपके चेहरे पर चमक और रौनक आ जाएगी। यही नहीं, मिलने वालों को भी एक प्रिय इंसान लगेंगे। अतः हंसना मत छोड़िए, बल्कि हंसने की प्रक्रिया को बढ़ावा दें। बेहतर यह होगा कि आप सवेरे-सवेरे अपने दैनिक कार्य समाप्त करके बैठकर पांच मिनट जोर से खिलखिलाकर हंसें।

कई बार मन में यह विचार आता है कि अगर मैं बड़ी जोर-जोर से हंसता रहूंगा तो आस-पड़ोस के लोग, पड़ोसी या मेरे घर के ही रिश्तेदार सभी सोचेंगे कि क्या मैं पागल हो गया हूं? ऐसे में हिचक भी आती है, हंसने की प्रक्रिया पर विराम लग जाता है, फिर क्या करें ऐसे में? मैंने इसका भी एक पक्का उपचार सोच लिया है। जब आप हंसने की सोच रहे हैं और आप अकेले हैं, आपके साथ कोई हंसने वाला नहीं है तो ऐसे में कमरा बंद कर जोर से गाने का कैसेट चला दें। गाना जोर से चलता रहेगा और साथ-साथ आप बड़े जोरों से खिलखिलाकर हंसते रहेंगे। आप स्वयं इस बात को अनुभव करें कि अगर आप पांच मिनट रोज जोर से हंस लें तो आपका शरीर हल्का हो जाएगा। जब आप अपने अन्दर प्रफुल्लता का अनुभव करेंगे, तो ऐसे में क्यों नहीं आप और हम रोज की दिनचर्या में लक्ष्य प्राप्ति के साथ-साथ हंसने की प्रक्रिया को बनाकर हमेशा सजग रहें।

31

तनाव न अभी, न कभी

'जब आपके दिमाग में तनाव आए तो सबसे पहले एक ग्लास सादा पानी शांति से पी लें।'

लक्ष्य हासिल करने वाला व्यक्ति कभी तनावग्रस्त नहीं होता। यह सच है कि ज़िन्दगी के हर मोड़ पर तनाव है, किन्तु अगर तनाव को हमने सिर पर रख लिया तो लक्ष्य प्राप्ति में निश्चित रूप से रुकावट आएगी। अत: कभी तनाव मत करो। अगर करना है तो केवल चिंतन करो, न कि चिंता। सफल व्यक्ति लक्ष्य प्राप्ति के लिए तनाव को ताक में रख देते हैं और कभी भूलकर भी उसे नहीं देखते। लक्ष्य की प्राप्ति के लिए अपने तनाव रूपी कार्यों को जरा कोठरी में बन्द रहने दो और उनकी तरफ नजर न डालो। कई व्यक्ति ऐसा सोच रहे होंगे कि तनाव जिसे होता है, वही जानता है उसकी भाषा, बाकी लोग क्या समझेंगे कि हमें कितनी परेशानी हो रही है। बात तो सही है, किन्तु सोचना यह है कि अगर आप तनावग्रस्त रहेंगे तो लक्ष्य प्राप्ति के स्तर तक पहुंचने में ढेर सारी परेशानियों का सामना करना पड़ेगा। मस्तिष्क तनावग्रस्त रहने के कारण विकृत हो जाएगा। यह अच्छी तरह कार्य नहीं संभाल पाएगा। अत: तनावरहित कार्य करने पर ही अपने लक्ष्य तक सफलतापूर्वक पहुंच पाएंगे।

जब आपके दिमाग में तनाव आए तो सबसे पहले एक ग्लास सादा पानी शांति से पी लें। उसके पश्चात् बैठकर एक सादे कागज में वे सब बातें लिखें जिनसे आपको तनाव हो रहा है। अब तनाव होने के कारण जिन बातों को आपने अभी-अभी लिखा था, उनकी तरफ दृष्टि डालें। संभव है कि अब आपको अपने तनाव वास्तविकता से दूर लगने लगेंगे। अत: तनाव को भगाने की प्रक्रिया

को अपने नजदीक अपनाने की कोशिश करें। चिंतन और मनन करने से आपकी हर समस्या का समाधान निकलेगा। इस बात को भली-भांति जान लें कि जब हर समस्या का निदान होगा तो फिर अपनी समस्या प्रभु के दरबार में समर्पित कर उसे सुलझाने में लग जाएं। इससे आपका तनाव अपने आप ही नष्ट हो जाएगा।

लक्ष्य प्राप्ति ही हमारा एकमात्र संकल्प है। हमें शीघ्र हमारा लक्ष्य मिले, यह सभी की आशा होती है। अगर इन सब बातों का समापन करना है तो हमेशा के लिए तनाव को विराम देना होगा। ऐसा न सोचें कि हम तनाव नहीं भगा पायेंगे। भगवान ने अपने आप ही मन में इतनी शक्ति दे रखी है कि स्वयं अपनी इच्छाशक्ति से अपने तनाव को छूमंतर कर सकते हैं। अत: प्रभु के आशीर्वाद के साथ इस बात की लगन लगाएं कि मुझे अपना लक्ष्य पूरा करना है, ऐसे में आपका तनाव भाग जाएगा। तनाव को भगाने का सबसे सीधा और सुगम विचारबिन्दु यही है कि जिन कार्यों से तनाव हो रहा है, उन्हें एक-एक कर कागज पर लिखें। इसके बाद उनके एक-एक पहलू को सुलझाने की ओर अग्रसर हों। इससे आपको अपने लक्ष्य में सफलता मिलती जाएगी और आपका तनाव भी धीरे-धीरे समाप्त होता जाएगा।

32

सोचें और दिल से बात करें

'जो बात दिल से होती है, उसममें सच्चाई होती है और वही लक्ष्य की प्राप्ति कराती है।

–सातवाहन

कई बार लक्ष्य प्राप्ति की धूप इतनी तेज हो जाती है कि सुबह, दोपहर, शाम और पुनः सुबह हम केवल लक्ष्य की तरफ ही देखते रहते हैं। जो लक्ष्य हमने निर्धारित किया, उसे पाने के लिए गतिविधियों में संलग्न हो जाते हैं। इस दौरान आपको सोचने के लिए समय निकालना जरूरी है। अतः अपने दैनिक कार्यक्रम में से थोड़ा समय निकालो, जब आप अपने ही दिल से बात कर सको। कुछ समय अगर मनुष्य एकांत में बैठकर आत्मा से थोड़ी बातचीत कर ले, तो मन हल्का हो जाता है, मन में स्फूर्ति आ जाती है और लक्ष्य प्राप्ति की ओर चेतना जागृत हो जाती है। अतः कुछ सोचने के लिए समय निकालना वास्तव में बहुत ही जरूरी है ताकि ज़िन्दगी स्वर्णिम और आनन्दमय हो जाये।

किसी भी बात से डरो नहीं, हमेशा लक्ष्य को पूरा करने के लिए कुछ-न-कुछ नया सोचते रहो। लगातार 24 घंटे केवल लक्ष्य को पूरा करने के बारे में ही न सोचो, किन्तु समय निकालकर चिंतन करो अपने लक्ष्य का। जब मनुष्य चिंतन करता है तो प्रभु के आशीर्वाद से अपने आप ढेर सारी क्रियायें उसके अन्तर्मन में होने लगती हैं, जो उसे मदद देती हैं कुछ और सोचने के बारे में, कुछ नया सोचने के बारे में, कुछ नया करने के बारे में। अतः आप भी लक्ष्य प्राप्ति के विचार बिन्दु पर कुछ अच्छी सोच अगर चाहते हैं और चाहते हैं कुछ नई बात उस बाबत विचारें, सोचें तो जरूरी है कि आप

कुछ समय निकालें, ताकि एकांत में बैठकर चिंतन कर सकें, मनन कर सकें, दिल से बात कर सकें।

घर में या कार्यालय में ऐसा मौका नहीं मिलता कि अपने दिल से बात कर सकें तो ऐसे में हताश होने की जरूरत नहीं है। आस-पास ही पार्क में चले जायें और शान्ति से एक जगह बैठ जायें। अब पांच मिनट के पश्चात् शुरू कर दें अपना सोचने का कार्यक्रम और जब पार्क में बैठने का प्रोग्राम बनाएं तो थोड़ा एकांत में बैठें या पीठ घुमाकर बैठें, ताकि आने-जाने वाले व्यक्तियों की तरफ जहाँ तक हो आपकी नजर नहीं मिले और आप एकाग्रचित्त होकर अपने ही दिल से कुछ-न-कुछ बात कर सकें। अतः समय निकालना जरूरी है कुछ नया सोचने के लिए। ऐसे व्यक्ति जो अपने लक्ष्य को उच्चतम शिखर पर ले जाकर सफल होना चाहते हैं, उनके लिए जरूरी है सोचने का समय। अतः अपनी सोच को बढ़ाकर लक्ष्य को पूरा करने के लिए समय आ गया है कि आप अपने दिल से बात करते रहें। शांत होकर, एकाग्रचित्त बैठकर कुछ नया सोचें। नई सोच अगर आपकी बनेगी तो आपके लक्ष्य की पूर्ति में चार चांद लग जायेंगे। अतः थोड़ा-सा समय निकालना जरूरी है, ताकि आप कुछ नया सोच सकें और अपने ही दिल से अपने ही काम की बात कर सकें।

अपने दिल से एकांत में बैठकर बात करने और दिमाग से कुछ सोचने की प्रक्रिया के आधे घंटे बाद आपको लगेगा कि आप एक विचित्र परिलोक में पहुंच रहे हैं। यहां पर केवल असीम शांति है और नये विचार उत्पन्न होने की फैक्ट्री आपको अपने ही मस्तिष्क में नजर आयेगी। प्रत्येक व्यक्ति नये विचारों की उपज की खेती कर सकता है और अपने दिल से बात कर सकता है। ऐसा करने पर उसे जो आनन्द मिलेगा, उसका वर्णन शब्दों में करना बड़ा ही मुश्किल है। उसका मात्र अनुभव ही किया जा सकता है, तब क्यों नहीं आज ही आप इस अनुभव को आयाम दें और थोड़ा-सा समय निकालकर कुछ नया सोचने के लिए समय दें और अपने दिल से अपनी बात करें। ढेर सारी मन की मलिनतायें, ढेर सारे ज़िन्दगी में हुए दुःख-दर्द और ढेर सारी परेशानियों का एक ही उत्तर है, वह है अपने दिल से अपनी बात करना।

इस कार्यक्रम में किसी प्रकार की रुकावट नहीं है और बेधड़क बिना किसी चिंता के यह इस कार्यक्रम को आयाम दिया जा सकता है। अगर आप यात्रा कर रहे हैं ट्रेन से अथवा हवाई जहाज से और चुपचाप बैठे हुए हैं, ऐसे समय पर भी आप शांति से अपने मस्तिष्क की एकाग्र रखते हुए, सात्विक चिन्तन करते हुए, अपने दिल से बात करके, ज़िन्दगी का लुफ्त उठा सकते हैं।

33

आईडी हमेशा साथ रखें

'जो व्यक्ति लक्ष्य प्राप्ति के लिए उत्सुक हैं, उन्हें अपने पास हर समय आईडी अर्थात आइडियाज डायरी अवश्य रखनी चाहिए।'

जब हम आईडी की बात कर रहे हैं तो संभवतः आप सोच रहे होंगे कि हमें अपना आईडी अर्थात आइडेन्टिटी कार्ड हमेशा साथ में रखना चाहिए। मेरा सोचना इस आईडी के बारे में नहीं है बल्कि मेरा जो आईडी साथ में रखने का फ़ॉर्मूला है, वह ऐसा है जो आपको अपने लक्ष्य के नजदीक लाकर रख देगा। यह फ़ॉर्मूला है - आइडी अर्थात आइडियाज् डायरी। जी हां, मस्तिष्क में भगवान ने भी इस तरह की फैक्ट्री बनाई है कि 24 घंटे में पचासों बातें हमारे मस्तिष्क में उभरती, उतरती, चलती हैं, किन्तु बहुत जल्दी लुप्त हो जाती हैं। हम अभी कोई बात सोच रहे हैं, उस बात को सोचते-सोचते मस्तिष्क में दो-चार नये पहलू आ गये और अगर हम थोड़ा बैठे रहें तो कुछ और बातें मस्तिष्क में आ गईं। कुछ नये आइडिया आ गये दिमाग में, परन्तु अगले दिन सवेरे हमने सोचा कि कल सवेरे आये हुए मस्तिष्क के आइडिया को क्रियान्वित करें, मनन करें और लक्ष्य को पूरा करने में मदद लें तो हम पाते हैं कि कल की बातों में से 90 प्रतिशत बातें लुप्त हो गईं। अतः सफल व्यक्ति जिसका उद्देश्य लक्ष्य को प्राप्त करना है, वह हर समय अपने पास आईडी अर्थात आइडियाज् डायरी रखेगा। इस आइडिया डायरी को साथ में रखने का लाभ यह है कि जब कभी भी कोई विचारबिन्दु आपके मन में आये, आप तुरन्त, उस बात को लिख लें आइडियाज् डायरी में।

अगर आप अपने लक्ष्य के बारे में कुछ मनन कर रहे हैं, चाहे घूमते हुए, बैठे हुए या टी.वी. देखते-देखते कोई विचार आ जाये आपके मन में तो तुरन्त नि:संकोच आप उस आइडिया को आइडियाज् डायरी में लिख लें। ऐसा करने से आपका विचार भागेगा नहीं और आपको लक्ष्य प्राप्ति के सपने को साकार बनाने में मदद मिलेगी।

जो व्यक्ति व्यापार अथवा व्यवसाय में कार्यरत हैं, उनके लिये तो आइडियाज डायरी वास्तव में बहुत ही फायदे की बात है। अगर आप व्यापार एवं व्यवसाय के संदर्भ में किसी से मिलने जा रहे हैं और आपने सारी तैयारी कर ली, विचार बिन्दु लिख लिये कार्य करने के परन्तु रास्ते में जो आप सफर कर रहे हैं, तब आपके दिमाग में दो-चार और बातें आ गईं जो कि उस व्यावसायिक मुलाकात में आपको बात करनी है, तो ऐसी बातें फटाफट इस आइडियाज् डायरी में लिख लें। वैज्ञानिक दृष्टि से अगर आप आइडियाज् डायरी में कोई आइडिया या कोई बात अथवा कोई विचारबिन्दु लिख लेते हैं तो उसे पुनः नहीं पढ़ें और न ही दोहरायें तो भी काफी हद तक वह आपके मानसपटल पर अंकित हो जाती है। अतः जब कभी भी कोई विचारबिन्दु, आए, अपनी जेब से आइडियाज् डायरी अर्थात आईडी निकालें और लिख लें। समय-समय पर इस आइडियाज् डायरी को देखते रहना चाहिए, इसका मनन करना चाहिए, फालतू कार्यों को हटा देना चाहिए और जो अति महत्त्वपूर्ण काम की बातें हैं, उन्हें सफाई से लिख लेना चाहिए। आइडिया डायरी आपका ऐसा साथी बनेगा जो सुचारू रूप से लक्ष्य प्राप्ति की तरफ ले जाने में मदद करेगा और साथ ही साथ कुछ ऐसे विचारबिन्दु देगा, जिनसे व्यावसायिक क्षेत्र में, ज़िन्दगी के सफर में आपकी तरक्की होगी। अतः हमेशा आईडी अपने साथ रखें।

34

डेली डायरी की नजर आपके लक्ष्य पर

'डेली डायरी प्रतिदिन की दिनचर्या को सुव्यवस्थित और उत्तरोत्तर लक्ष्य की ओर अग्रसर करती है।'

जब आपने ज़िन्दगी का लक्ष्य बना डाला, अपने लक्ष्य के बारे में पूरी पृष्ठभूमि तैयार कर ली तो अब समय है केवल अपने लक्ष्य के निष्पादन का। अत: बेहतर होगा कि आप डेली डायरी लिखने की आदत डालें। डेली डायरी आपका अध्यापक बनकर कार्य करेगी और आपके लक्ष्य को पूर्ण करने में मदद करेगी। डेली डायरी के दो विचारबिन्दु हैं - एक तो डेली डायरी ऐसी है जिसमें रोज आप अपने दिन-भर के कार्यों की गतिविधि लिखते हैं अर्थात आपको कौन-सा कार्य किस समय करना है, उसका विगत लिखते हैं। कहां किस समय जाना है, कौन-सी मीटिंग है आपकी, कौन आपसे मिलने आयेगा, शाम को रात्रिभोज में कहीं जाना है क्या, शादी-विवाह, आदि कार्यक्रमों में कब जाना है, ये सब बातें डेली डायरी में लिखी रहती हैं, ताकि आप जरूरी काम को भूल नहीं जायें।

कई व्यक्तियों की आदत होती है कि वे डेली डायरी में कुछ भी नहीं लिखते और सारी लिखावट अपने मस्तिष्क में ही रखते हैं। ऐसे लोगों को तनाव रहता है और कई बार यह देखा गया है कि ऐसे व्यक्ति जो डेली डायरी नहीं रखते और न ही लिखते हैं कि किस समय क्या करना है, वे व्यक्ति बहुधा अपने अपॉइंटमेंट भूल जाते हैं। जरा कल्पना कीजिये कि आपको अपने व्यापार अथवा व्यवसाय के संदर्भ में किसी व्यक्ति से कल सवेरे ठीक साढ़े ग्यारह बजे मिलना है। आपने हाँ कह दिया उनको, काम आपका है, गरज आपकी है,

मिलना जरूरी है आपके लिए, किन्तु जब कल आया, उस दिन आप साढ़े ग्यारह बजे उनके दफ्तर में नहीं पहुंचे क्योंकि दफ्तर में मिलने वाली बात आपने डायरी में नहीं लिखी थी। वह केवल मस्तिष्क में लिखी थी और भूल गये उस बात को। ऐसी स्थिति में आपको व्यापार अथवा व्यवसाय में नुकसान होगा, साथ ही साख पर भी असर पड़ेगा दूसरे व्यक्ति को लगेगा कि आप वास्तव में व्यापार करने के इच्छुक नहीं हैं। अतः डेली डायरी हमेशा रखें और अपने अपॉइंटमेंट को इस डेली डायरी में दर्ज करते जायें।

इसी प्रकार मान लो आपने किसी व्यक्ति को समय तो दे दिया कि मुझे 4 बजे शाम को आज मिल लेना और जब वह व्यक्ति आपसे मिलने बड़ी दूर से आपके कार्यालय पहुंचे या आपके शहर के बाहर से आये और आपके कार्यालय ठीक 4 बजे शाम को पहुंच गये, वहाँ पर आप मौजूद नहीं हैं क्योंकि आपको दूसरी मीटिंग में जाना है। ऐसे में आपकी छवि खराब होगी और व्यावसायिक नुकसान भी होगा। अतः हमेशा दिमाग पर अपने कार्यों को न लिखें। मस्तिष्क पर अपने अपॉइंटमेंट को लिखने का कार्य भगायें और हमेशा डेली डायरी की आदत डालकर केवल डेली डायरी में ही अपने अपॉइंटमेंट लिखें। सबसे बड़ा फायदा डेली डायरी में अपॉइंटमेंट लिखने का यह है कि आपके मस्तिष्क पर दबाव नहीं पड़ता।

डेली डायरी में अपॉइंटमेंट लिखने के अलावा एक अन्य डेली डायरी है, जो है रात को सोते समय अपनी डायरी लिखना। इस डायरी में अपने दिन-भर की महत्त्वपूर्ण बातों का उल्लेख करें, लिखें और समय-समय पर अपनी डायरी को पढ़ें, मनन करें। डायरी लिखने की आदत आपको अजीब-सी खुशी देगी और ऐसा लगेगा कि आप किसी दोस्त से, साथी से बात कर रहे हैं। यही कारण था कि राष्ट्रपिता महात्मा गांधी रोज डायरी लिखते थे और सभी को ऐसा करने के लिए कहते भी थे।

35

स्वयं को किसी से कम न समझें

'लक्ष्य प्राप्ति के लिए न तो स्वयं को किसी से कम समझें और न ही अपनी कमजोरी किसी के सामने प्रकट करें।'

आप अपने आपको ज़िन्दगी के कई मोड़ पर छोटा पाते हैं। आपको ऐसा लगता है जैसे आपमें कुछ करने की ताकत ही नहीं है। आपके चारों तरफ निराशा-ही-निराशा मंडराती नजर आती है। ऐसे में आपको चाहिए कि आप किसी से भी कम न समझें। अगर आपने कम समझना शुरू कर दिया तो फिर अपने लक्ष्य तक पहुंचने में विफल हो जाएंगे। अत: आप कभी भी किसी से कम न समझें।

अगर आपको कोई सुन नहीं रहा है, बस आप अपने मन से ही बात कर रहे हैं और आपको लग रहा है कि आप दूसरे व्यक्ति से कम हैं तो ऐसे में यह प्रश्न बनता है कि क्या किया जाए? ऐसे में आप हमेशा अपनी कमजोरियों की तरफ नजर डालें और अपनी कमजोरियों को दूर करने की प्रक्रिया अपनाएं। जिस कार्य में भी आपकी कमजोरियां हैं, उन्हें भगाने के लिए सतत् कठोर परिश्रम कर अपने आपको हल्का समझने की प्रक्रिया से दूर रखें।

अगर आपके मन में हल्की-सी भी निराशा आ गई और आपने स्वयं को थोड़ा-सा हल्का समझना शुरू कर दिया तो ध्यान रखिए कि आपके मिलने वाले दोस्त, सगे-संबंधी और व्यापार एवं व्यवसाय में संलग्न साथीगण, सभी आपसे दूर भागने लगेंगे। अत: अपने मन की मलिनता को, अपने मन की कमजोरी को कभी भी किसी के सामने प्रदर्शित न करें।

हमारे शास्त्रों में भी इस तरह की बात कही गई है। अतः इस बात पर पूर्ण विश्वास रखकर हमेशा सतत् प्रयत्न करें कि आप अपने आपको किसी से भी कम नहीं समझें। जब हम कम समझने की बात करते हैं तो उसका यह मतलब नहीं कि हम घमंडी हैं। हमें चाहिए कि हम आदरपूर्वक रहें, परन्तु किसी अन्य व्यक्ति से अपने आपको कमजोर न समझें। अगर आपके दिल और दिमाग में कमजोरी फिर भी छा जाती है और आप अपने आपको काफी हल्का, कमजोर व्यक्ति अनुभव करते हैं तो ऐसे में आप थोड़ा लम्बा समय निकालकर स्वामी विवेकानन्द की पुस्तकें पढ़ें। इन पुस्तकों को पढ़ने से आपके अन्दर अजीब-सी शक्ति आएगी और आपके मस्तिष्क में उत्साह का प्रचुर मात्रा में संचार होगा। यही नहीं, आप अपने आपको असहाय अथवा कमजोर नहीं मानेंगे।

जरा सोचो कि अगर आप अपने आपको कमजोर महसूस करते हैं और यह बात आपके हाव-भाव और चाल-चलन से दूसरे व्यक्ति को दिखना शुरू हो जाती है तो ज़िन्दगी में ऐसे लोग आएंगे, जो कमजोरी का लाभ उठाते हुए आपको अपने लक्ष्य पूर्ति की दिशा से भगा देंगे। अतः आप कभी भी अपने आपको कमजोर न समझें। इस बात का हमेशा ध्यान रखें कि जो बातें आपको कमजोर बनाती हैं, क्या वे वास्तव में सही हैं या केवल आपके मन का डर है? अगर आपको लगे कि यह बात सच है तो ऐसे में आपकी जो कमी या कमजोरी है, उसको दूर करने में कड़ी मेहनत करें। आप पाएंगे कि आपकी शक्ति बढ़ जाएगी और आप अपने आपको किसी से कम नहीं समझेंगे।

36

लक्ष्य प्राप्ति हेतु रात्रि की प्रभु प्रार्थना

'हृदय की सच्ची प्रार्थना से हमें सच्चे कर्तव्य का पता चलता है। अंततः कर्तव्य करना ही प्रार्थना बन जाता है।'

–महात्मा गांधी

जब आपकी दिनचर्या समाप्त हो जाए और रात में आप सोने की तैयारी कर रहे हों, तब पांच मिनट का समय निकालकर आप प्रभु का धन्यवाद देने का कार्यक्रम अपना लें। जी हां, दिन-भर में प्रभु ने आपके ऊपर जो कृपा की, उसका आप दो मिनट के लिए मनन करें। अगले 2-3 मिनट प्रभु को धन्यवाद दें कि आज उन्होंने आपके जीवन में स्वर्णिम दिन बनाया और प्रभु से यह भी प्रार्थना करते रहें कि मेरे आने वाले दिन भी इसी प्रकार अच्छे बीतते जाएं। प्रभु प्रार्थना के साथ अगर आप कुछ अच्छे मंत्रों का उच्चारण करके सोएंगे तो रात में आपको नींद भी अच्छी आएगी और लक्ष्य प्राप्ति की जो आपकी सोच है, वह और ठोस बन जाएगी। अतः रात्रि में प्रभु कृपा का गुणगान कर लें और लक्ष्य में मदद प्राप्त करें।

शयनकक्ष में जाने के पश्चात् रात्रि में नींद की गोद में जाने से पूर्व अगर आप मात्र 5 मिनट प्रभु के धन्यवाद व गुणगान में लगाएं तो निश्चित रूप से आपको अच्छी नींद आएगी और आप अपने आपको तनावरहित महसूस करेंगे। इस कार्यक्रम को प्रतिदिन अपने जीवन का अंग बना लें तो आपको फायदा ही होगा। अतः आप रोज 5 मिनट का समय निकालें और रात्रि नींद से पहले प्रभु को धन्यवाद दें तथा एक या दो मंत्रों का भी अच्छी तरह जाप कर लें। आपके

फायदे के लिए कुछ मंत्र नीचे दिए जा रहे हैं, जो हमारे शास्त्रों में उद्धृत हैं। इन मंत्रों का जाप करने और साल में 50–100 बार इन मंत्रों को बोलने से आपको अनूठी शक्ति मिलेगी तथा आपके लक्ष्य को पूरा करने में मदद भी मिलेगी। मंत्र याद करना कोई जरूरी नहीं है। मंत्र को कागज पर लिखकर पढ़ लें और साथ ही उस मंत्र की व्याख्या को भी पढ़ लें, तब आपको आनन्द आएगा, अच्छा लगेगा तथा लक्ष्य पूरा होता हुआ भी लगेगा। इन मंत्रों का उल्लेख नीचे किया जा रहा है–

- **भद्रं कर्णेभिः शृणुयाम देवाः।**

  हम कल्याणमयी वाणी सुनें।

- **स्वस्ति पन्थामनुचरेम।**

  हम कल्याणमार्ग के पथिक बनें।

- **तन्मे मनः शिव संकल्पमस्तु।**

  मेरा मन शुभ संकल्प वाला हो।

- **मित्रस्य चक्षुषा समीक्षामहे।**

  हम सबको मित्रता की दृष्टि से देखें।

- **मधुमतीं वाचमुदेयम्।**

  मैं मधुर वाणी बोलूं।

- **प्रियं मा कृणु देवेषु।**

  हे प्रभु मुझे सत्पुरुषों में प्रिय बनाओ।

- **वयं स्याम पतयो रयिणाम्।**

  हम विविध ऐश्वर्यों के अधिपित बनें।

- **सर्वा आशा मम मित्रं भवन्तु।**

  सभी हमारे मित्र हों।

- **संगच्छध्वम्, संवदध्वम्, सं वो मनांसि जानताम्।**

  हम साथ चलें, एक स्वर में बोलें और हमारे विचार एक हों या हम सबके मन समान हों।

- **पुमान् पुमांसं परिपातु विश्वतः।**

  मनुष्यों का प्रथम कर्तव्य है कि वे निश्छल भाव से दूसरों की भावना का आदर करते हुए एक–दूसरे की रक्षा करें और उनकी उन्नति में सहायक हों।

- **मनुर्भव जनया दैव्यम् जनम्।**

मनुष्य बनें तथा दिव्यता युक्त मानवता का गुण अपनाएं।

- **अज्येष्ठासो अकनिष्ठा एते, सं भ्रातरो वावृध सौभाय।**

हमारे मध्य कोई बड़ा नहीं है, कोई छोटा नहीं है, हम सब भाई-भाई हैं और उत्तम ऐश्वर्य के लिए स्नेह के बन्धन में आबद्ध हैं।

- **सर्वभूतहिते रताः।**

सबकी उन्नति में अपनी उन्नति समझें।

37

लक्ष्य प्राप्ति हेतु– चाणक्य सूत्र

'अपने ऊपर नियंत्रण करने वाला व्यक्ति समस्त अर्थों से सम्पन्न होता है।'

–आचार्य चाणक्य

चाणक्य नीति का पठन, चिंतन और मनन करने से आपको लक्ष्य प्राप्ति के उद्देश्य में सफलता अवश्य मिलेगी। अतः अगर आपको अपने लक्ष्यों को सफलता से प्राप्त करना है तो समय-समय पर चाणक्य नीति को पढ़ें और पढ़ने के पश्चात् उसका अपनी व्यावहारिक ज़िन्दगी में मनन करें। निम्नलिखित कुछ प्रिय सूत्र प्रस्तुत किए जा रहे हैं, जो पाठकों को अच्छे लगेंगे–

- **सुखस्य मूलं धर्मः।**

सुख का मूल धर्म है।

- **धर्मस्य मूलमर्थः।**

धर्म का मूल अर्थ है।

- **अर्थस्य मूलं राज्यम्।**

अर्थ का मूल राज्य है।

- **राज्यमूलमिन्द्रियजयः।**

राज्य का मूल इन्द्रियजय है।

- **इन्द्रियजयस्य मूलं विनयः।**

इन्द्रियजय का मूल विनय नम्रता है।

- **विनयस्य मूलं वृद्धोपसेवा।**

विनय का मूल वृद्धों की सेवा है।

- **वृद्धसेवाया विज्ञानम्।**

वृद्धों की सेवा का मूल विज्ञान है।

- **विज्ञानेनात्मानं सम्पादयेत।**

मनुष्य को चाहिए कि वह अपने आपको विज्ञान से सम्पन्न बनाए। आत्मोन्नति करे।

- **सम्पादितात्मा जितात्मा भवति।**

जो पुरुष विज्ञान से सम्पन्न होता है, वह स्वयं को भी जीत सकता है।

- **जितात्मा सर्वार्थैः संजुज्येत।**

अपने ऊपर काबू पाने वाला मनुष्य समस्त अर्थों से सम्पन्न होता है।

- **आपत्यु स्नेहसंयुक्तं मित्रम्।**

जो व्यक्ति विपत्ति के समय, स्नेह से अपने साथ बना रहे, वही मित्र है।

- **दानं धर्मः।**

दान करना धर्म है।

- **राज्ञः प्रतिकूलं नाचरेत्।**

राजा के प्रतिकूल कभी भी आचरण न करें।

- **आत्मायत्तौ वृद्धि-विनाशो।**

उत्थान और विनाश दोनों अपने ही हाथों में हैं।

- **आत्मच्छिद्रं न प्रकाशयेत्।**

अपने दोष या अपनी दुर्बलता को कभी भी प्रकट नहीं करना चाहिए।

- **शत्रुं जयति सुवृत्तता।**

सद्व्यवहार से शत्रु को भी जीता जा सकता है।

- **कदापिपुरुषं नावमन्येत।**

किसी भी पुरुष का कभी भी तिरस्कार नहीं करना चाहिए।

- **न दुर्जनैः सह संसर्गः कर्त्तव्यः।**

दुर्जन की संगति नहीं करनी चाहिए।

- **जीर्णभोजिनं व्याधिर्नोपसर्पति।**

एक बार भोजन पच जाने के बाद जो भोजन करता है, उसको कोई भी व्याधि नहीं लगती।

- **मितभोजनं स्वास्थ्यम्।**

परिमित भोजन करना ही स्वास्थ्य का लक्षण है।

- **मूर्खेषु विवादो न कर्त्तव्यः।**

मूर्खों से विवाद नहीं करना चाहिए।

- **नास्त्यहंकारसमः शत्रुः।**

अहंकार से बढ़कर दूसरा कोई शत्रु नहीं है।

- **संसदि शत्रुं न परिक्रोशेत्।**

सभा में शत्रु की निन्दा नहीं करनी चाहिए।

- **पात्रानुरूपं दानम्।**

पात्र के अनुसार ही दान देना चाहिए।

- **अत्युपचारः शंकि तव्यः।**

अत्यधिक आदर शंका का कारण होता है।

- **सर्व जयत्यक्रोधः।**

क्रोध न करने वाले व्यक्ति की सर्वत्र विजय होती है।

- **राजपुरुषैः सम्बन्धं कुर्यात्।**

राजपुरुषों से सम्बंध बनाये रखना चाहिए।

- **प्रियवादिनो न शत्रुः।**

प्रिय वचन बोलने वाले का कोई शत्रु नहीं है।

- **निशान्ते कार्य चिन्तयेत्।**

नित्य प्रातःकाल अपने (दिन के) कार्यों पर विचार करना चाहिए।

- **आत्मा न स्तोतव्यः।**

अपने मुख से अपनी प्रशंसा नहीं करनी चाहिए।

- **स्त्रीणां न भर्तुः परं दैवतम्।**

स्त्री के लिए पति से बढ़कर कोई देवता नहीं है।

- **मांसभक्षणमयुक्तं सर्वेषाम्।**

मांस-भक्षण सबके लिए अनुचित है।

उपरोक्त सूत्र ही नहीं, संपूर्ण चाणक्य नीति के सिद्धांत आज भी उतने ही प्रासंगिक हैं जितने पुराने समय में थे। जीवन जीने की कला और विशेष तौर से निवेश करने के बारे में भी चाणक्य नीति में कम-से-कम 10-15 बहुत ही अच्छे सूत्र दिए गए हैं, जो आज भी पाठकों को निवेश सम्बंधित मामलों में मदद करेंगे।

38

लक्ष्य प्राप्ति के लिए विवेक एवं संयम

'लक्ष्य प्राप्ति के लिए चंचल मन के हाथी को संयम और विवेक के अंकुश में रखना चाहिए।'

–स्वामी रामकृष्ण परमहंस

सफलतापूर्वक लक्ष्य प्राप्ति की यात्रा में विवेक और संयम की शक्ति बड़ी मदद करती है। अतः हमेशा अपने विवेक से काम लें और इस प्रक्रिया को दिन-प्रतिदिन बढ़ाते जाएं। ऐसा करने पर निश्चित रूप से लक्ष्य प्राप्ति के कार्य में सफलता मिलेगी। समय-समय पर आत्मनिरीक्षण करें कि क्या हम विवेक से ही सब कार्य कर रहे हैं अथवा नहीं। इसी प्रकार संयम शक्ति को दिन-प्रतिदिन बढ़ाना चाहिए। अगर आप संयम में रहेंगे तो ढेर सारी छोटी-मोटी परेशानियां अपने आप ही लुप्त हो जाएंगी।

मुझे एक उद्योगपति के घर की सच्ची कहानी याद आ रही है। घर में पिता, पुत्र और अन्य सदस्य थे। पिता 70 वर्ष की उम्र पार कर चुके थे, फिर भी बड़े चुस्त थे क्योंकि वे दिन-प्रतिदिन संयम से रहते थे, विवेक से कार्य करते थे और दैनिक दिनचर्या निभाते थे। दूसरी तरफ उनका पुत्र था, जिसकी उम्र थी 50 वर्ष। संयम शब्द उसकी डिक्शनरी में से गायब था। पुत्र को हमेशा गैस की तकलीफ रहती थी, किन्तु बेचारा पुत्र यह नहीं समझ पाता था कि आखिर उसे गैस की तकलीफ क्यों रहती है, जबकि पिता-पुत्र दोनों ही एक साथ डाइनिंग टेबल पर एक-सा ही खाना खाते थे तो फिर पिता चुस्त और बेटा सुस्त क्यों?

एक दिन मेरे पास बेटा आया और बोला कि मुझे कुछ ऐसा नुस्खा बताइए जिससे मेरी गैस की समस्या का समाधान हो जाए, अन्यथा मैं ज़िन्दगी का आनन्द नहीं ले पाऊंगा। यही नहीं, मैंने अपनी ज़िन्दगी में जो लक्ष्य निर्धारित किए हैं, उन लक्ष्यों की पूर्ति में भी मुझे परेशानी हो रही है। एक बार तो मैं भी थोड़ा-सा विचलित हो गया क्योंकि मेरी समझ में यह बात नहीं आई कि जब पिता-पुत्र एक-सा ही खाना खाते हैं तो फिर पिता को गैस की तकलीफ नहीं और केवल पुत्र को गैस की समस्या, आखिर क्यों? काफी लम्बे समय तक पुत्र से चर्चा करने के बाद मैंने पाया कि पुत्र संयम का पालन बिल्कुल नहीं करते थे। उदाहरण के लिए, अगर शादी की मिठाई का कोई डब्बा आया तो जहां एक तरफ, पिता ने एक मिठाई खा ली और उन्हें कोई परेशानी नहीं हुई। वहीं दूसरी तरफ पुत्र ने एक साथ दो मिठाइयाँ खाईं और उसके बाद दूसरी तरह की भी दो मिठाइयाँ खा लीं। हाँ, खाना खाने के बाद हाथ धोने के पूर्व पुनः दो मिठाइयाँ और खा लीं। आखिर यह तो असंयम की ही बात हुई। जब हम खान-पान में और ज़िन्दगी के अन्य आचरणों में संयम नहीं रखेंगे तो हमें परेशानियों का सामना करना ही पड़ेगा। चाहे शारीरिक, मानसिक अथवा किसी भी प्रकार की परेशानियाँ हों। इसके पश्चात् मैंने पाया कि बेटा जब खाना खाता था तो खाना चबा-चबाकर नहीं खाता था, बस जल्दी-जल्दी खाना खाया और खाने के दौरान पानी पिया तथा एक-दो टेलीफोन बीच में जो आ गए, उन्हें भी सुना।

मैंने उस व्यक्ति को बताया कि आपके पेट में बनने वाली गैस का कारण अनियमित जीवन शैली है। मैंने यह भी बताया कि जब आप आज से मिठाई खाएं, कोई तकलीफ नहीं किन्तु संयम से खाएं और खाने को चबा-चबाकर खाएं तो खाना आसानी से पच जाएगा। अन्त में मैंने उन्हें बताया कि खाते समय चिन्ता वाले कोई कार्य न करें। खाने के दौरान जो टेलीफोन, मोबाइल आदि बज रहे हों तो उनको बन्द कर दो, ताकि आप आराम से खाना खा सको। मैंने उन्हें यह भी बताया कि खाना खाने के बाद वज्रासन में कम-से-कम पांच मिनट के लिए बैठ जाओ। आपकी गैस बनने की प्रक्रिया बन्द हो जाएगी। एक महीने बाद जब वह व्यक्ति मुझसे मिले तो उन्होंने बताया कि उन्हें अब गैस की कोई भी चिंता नहीं हो रही है, क्योंकि वे ज़िन्दगी में हर मोड़ पर संयम से ही कार्य कर रहे हैं और खाना खाने में ही भी संयम रखते हैं।

अगर आप भी अपनी ज़िन्दगी में लक्ष्य प्राप्ति के उद्‌देश्य से संयम और विवेक को साथ लेकर चलेंगे तो पाएंगे कि आप जल्दी ही अपना लक्ष्य प्राप्त

कर रहे हैं। इसी तरह से मुझे एक और ऐसे व्यक्ति मिले, जिन्हें खाने के पश्चात् जलन हो जाती थी और समय-समय पर ऐसा लगता था कि शायद हार्ट अटैक आ जाए। ऐसे में परिवार के सदस्य डॉक्टर के पास दौड़ते, ई.सी.जी. कराते और फिर खुश होते कि चलो ई.सी.जी. में सब ठीक है। किसी प्रकार की कोई समस्या नहीं है, किन्तु बाद में उनकी जीवन शैली पर पैनी नजर रखने से यह ज्ञात हुआ कि वास्तव में वे संयम से काम नहीं करते थे, भाग-दौड़ ज्यादा करते थे, किसी काम को शांति से करने के बजाय उस काम के होने और न होने से झुंझलाहट रखते थे। ऐसे में उनकी पाचन शक्ति कमजोर हो गई थी। शरीर में और विशेष तौर से छाती में जलन महसूस होती थी। जब ऐसी अवस्था होगी तो कार्य भी कम होगा और लक्ष्य प्राप्ति की रूप-रेखा भी दिखाई नहीं देगी।

अगर आप लक्ष्य प्राप्ति के लिए सजग हैं तो निश्चित रूप से विवेक एवं संयम से कार्य करें। हमेशा खाने के समय चिंता को दूर रखें और जिस समय जो काम करना है, उस काम को उसी समय निष्पादित करें। बाकी काम की चिंता उस समय न करें। ऐसा करने से ही आपको फायदा होगा और ज़िन्दगी का लक्ष्य जल्दी पूरा होता नज़र आएगा।

39

सकारात्मक सोच से लक्ष्य की प्राप्ति

'मनुष्य की जैसी सोच होती है, वैसे ही उसके कार्य भी होते हैं।'

–महर्षि अरविंद

अगर आप सकारात्मक सोच रखेंगे, तब आप स्वयं को लक्ष्य प्राप्ति के द्वार के नजदीक पाएंगे। अतः हमेशा ज़िन्दगी में सकारात्मक सोच रखें। नकारात्मक सोच से ज़िन्दगी में कोई लाभ नहीं होता। अतः सकारात्मक सोच को ज़िन्दगी का एक अभिन्न अंग बना लें। आजकल तो सर्वेक्षणों से यह भी सिद्ध हो गया है कि जो व्यक्ति नियमित रूप से मंदिर, मस्जिद, गुरुद्वारा, चर्च या अन्य धार्मिक स्थल पर जाता रहता है वह ज्यादा बीमार नहीं पड़ता और उसकी सेहत भी अच्छी होती है। इसलिए आज धर्मस्थल चिकित्सालय के रूप में हमारे चिकित्सक बन जाते हैं और जहां खर्च कुछ भी नहीं होता। अगर हम सकारात्मक सोच रखेंगे तो हमें उसका लाभ प्रत्यक्ष अथवा परोक्ष रूप से अवश्य ही मिलेगा। हमेशा सकारात्मक सोच रखें और अपने चिंतन को प्रभु की तरफ केन्द्रित करके अपनी दैनिक गतिविधियां करते रहें।

अगर हमारी सोच सकारात्मक नहीं हुई तो हमारे तन-मन एवं धन की बड़ी क्षति होने वाली है। जरा सोचो, अगर सकारात्मक सोच के अभाव में शरीर रोगग्रस्त हो जाता है तो आप अपने लक्ष्य प्राप्ति की तरफ क्या सोचोगे। अतः अपने मन में हमेशा सकारात्मक सोच ही रखें और इस बात का विश्वास करें

कि सकारात्मक सोच ही मेरी ज़िन्दगी का अभिन्न अंग है, जो हमेशा रहेगा। अपनी सोच से ज़िन्दगी को कमजोर न बनने दें क्योंकि ऐसी सोच से ही आपका लक्ष्य टूट सकता है। अतः लक्ष्य पर दृष्टि रखते हुए हमेशा सकारात्मक सोचेंगे, तभी मानसिक लाभ मिलेगा। कुछ दिनों पहले मैंने निम्नलिखित पंक्तियां एक आध्यात्मिक पत्रिका में पढ़ी थीं और वे पंक्तियां मेरे मानसपटल पर अंकित हो गईं। ये पंक्तियां उद्धृत कर रहा हूँ, ताकि पाठक भी इन पंक्तियों का लाभ ले सकें–

> *अपने हृदय को दुर्बल न होने दो, बल्कि सागर की तरह विशाल और गहरे बनो और उसे आशीर्वाद दो जो तुम्हें केवल श्राप देता है। धरती की तरह उदार तथा शांत बनो और मनुष्यों के हृदय के मैल को स्वास्थ्य एवं सौन्दर्य में बदल दो। हवा की तरह स्वतंत्र और लचीले बनो। जो तलवार तुम्हें घायल करना चाहेगी, वह अंत में अपनी चमक खो बैठेगी और उसे जंग लग जाएगा। जो भुजा तुम्हारा अहित करना चाहेगी, वह अंत में थककर रुक जाएगी। संसार तुम्हें अपना नहीं सकता, क्योंकि वह तुम्हें नहीं जानता इसलिए वह तुम्हारा स्वागत क्रुद्ध गुर्राहट के साथ करेगा, परन्तु तुम संसार को अपना सकते हो, क्योंकि तुम संसार को जानते हो। अतएव तुम्हें उसके क्रोध को सहृदयता द्वारा शांत करना होगा और उसके द्वेष भरे आरोपों को प्रेमपूर्ण दिव्य ज्ञान में डुबाना होगा क्योंकि जीत अंत में दिव्य ज्ञान की ही होगी।*

सकारात्मक सोच ही आपको के लक्ष्य काफी नजदीक ले आती है। यह विचारधारा आज की नहीं पुराने जमाने की है और आने वाले जमाने की भी रहेगी। मुझे याद है कि नेताजी सुभाष चन्द्र बोस स्वामी विवेकानन्द के कार्य से काफी प्रभावित हुए थे। इसलिए सुभाष चन्द्र बोस मानते थे कि जहां ज़िन्दगी का लक्ष्य स्पष्ट हो जाता है, वहां सब गौण हो जाता है। अपने जमाने में नेताजी सुभाष चन्द्र बोस एक तूफानी संक्रमण काल से गुजर रहे थे, उन्होंने सकारात्मक सोच के कारण ही यह निश्चय कर लिया था कि वे विवेकानन्द के मार्ग पर चलेंगे और राष्ट्र के निर्माण में लग जाएंगे।

जब सकारात्मक सोच की बात हो रही है तो उस समय केवल पैसे को ही महत्त्व देना पूर्णतः न्यायसंगत नहीं है। पैसे के बारे में निम्न सूत्र पाठकों को ज़िन्दगी की वास्तविकता के तरफ ले जाएगा– पैसा मूर्ख

आदमी कमा ले तो यह चमत्कार है। पैसा आदमी को मूर्ख बना दे तो यह दयनीयता है। बड़ा बनने के लिए दूसरों को दु:खी करना पड़ता है। महान बनने के लिए खुद को दु:ख झेलना पड़ता है। जीवन जीने के दो ही तरीके हैं, जो पसंद है उसे हासिल करो या जो हासिल है, उसे पसंद करो।

अत: ज़िन्दगी के लक्ष्य प्राप्ति के उद्‌देश्य को पाने के लिए हमेशा सकारात्मक सोच का ही सहारा लें। अड़चनें आएं तो आने दो। उनकी चिन्ता न करो, परवाह न करो उनकी और डटकर लगे रहो अपने कार्य पर तो निश्चित रूप से आप पाएंगे कि ज़िन्दगी का लक्ष्य साकार हो गया है–

पिछले दिनों मैंने हिन्दुस्तान अखबार के 27 जनवरी, 2011 के अंक में एक सच्ची घटना पढ़ी। यह घटना एक जीनियस बच्चे की है। यह घटना निश्चित रूप से हमारे पाठकों को प्रेरित करेगी। इस विचार से उस सच्ची घटना को, उसके लेखक की जुबानी ही प्रस्तुत किया जा रहा है–

> 'दोस्तो, मेरा नाम तथागत है। मेरी कहानी 9 सितम्बर, 1987 से शुरू होती है, क्योंकि मैं इसी दिन पैदा हुआ था। जब मैं महज 6 साल का था तो अपने दिमाग से गणित के कैलकुलेशन को बहुत ही तेजी से हल किया करता था, वह भी बगैर कागज और पेन की सहायता से। इसकी वजह से मैं लोगों में मैथमेटिकल विज किड गणित में निपुण बच्चे के रूप में फेमस हो गया। मेरे बारे में लोकल मीडिया में 14 फरवरी, 1994 को पहली खबर छपी और इसके बाद 28 मई, 1994 को एक राष्ट्रीय अखबार ने खबर छापी। मुझे तत्कालीन मुख्यमंत्री श्री लालू प्रसाद यादव ने अपने घर पर बुलाया और नगद पुरस्कार के साथ एक कंप्यूटर भी देने की घोषणा की।
>
> इसके बाद सुलभ इंटरनेशनल सोशल सर्विस ऑर्गेनाइजेशन के संस्थापक डॉ. बिंदेश्वर पाठक ने मुझे दिल्ली शिफ्ट होने के लिए इकोनॉमिकली सपोर्ट किया, जिससे कि मैं बेहतर एजुकेशन और अवसर पा सकूं। यकीन मानिए, एक छह साल के बच्चे के लिए इतनी सारी खुशियों को शब्दों में बताना बहुत ही मुश्किल है।
>
> मेरे छठे बर्थडे गिफ्ट में पापा ने मुझे प्रो. स्टीफन हॉकिंग की साइंस पर लिखी बेस्टसेलिंग बुक 'ए ब्रीफ हिस्ट्री ऑफ टाइम' दी। पापा ने मुझे यह किताब इसलिए दी, क्योंकि मैं अक्सर ब्रह्मांड, धरती और तारों के बारे में जानने के लिए उत्सुक रहता था। मैंने यह किताब तीन दिन के अन्दर

ही पढ़ ली, लेकिन इस बुक को पढ़ने के बाद मेरी उत्सुकता कम होने के बजाय और बढ़ गयी। मेरे प्रश्न और ज्यादा गहरे हो गए।

मैं अपने स्कूल की पढ़ाई पर ध्यान नहीं दे पा रहा था। मैं चाहता था कि मैं कुछ ओरिजनल रिसर्च करूं, लेकिन स्कूल की पढ़ाई इसमें सबसे बड़ी प्रॉब्लम थी। मेरे लिए स्कूल बहुत ही बोरिंग हो गया था, इसलिए मैंने डिसाइड किया कि मैं जितनी जल्दी हो सकेगा, उतनी जल्दी अपनी स्कूलिंग खत्म करूंगा।

मैंने स्कूल की पढ़ाई बहुत ज्यादा तो नहीं की, लेकिन जितनी भी की, उसमें बहुत एंजॉय किया। मैंने दिल्ली होली हार्ट पब्लिक स्कूल से छठी क्लास की पढ़ाई पूरी की, लेकिन इसी समय मुझे पहली बार अहसास हुआ कि मैं अभी अंडर एज हूँ। दरअसल नियम के मुताबिक आठ साल का बच्चा छठी क्लास का एग्जाम नहीं दे सकता था। मेरे एग्जाम में अच्छा करने के बावजूद जब रिजल्ट आया तो उसमें मुझे कोई स्थान नहीं मिला था। बाद में स्कूल के टीचरों ने मुझे बताया कि मैंने क्लास में ही नहीं, बल्कि पूरे स्कूल में टॉप किया था, लेकिन अंडर एज होने के कारण मुझे आगे की पढ़ाई के लिए नहीं भेजा जा सकता था। मैंने वह स्कूल छोड़कर दूसरा स्कूल इस शर्त पर जॉइन किया कि मुझे सरकार से एज रिलेक्सेशन लेना पड़ेगा।

मैंने घर पर ही अपनी पढ़ाई शुरू कर दी, लेकिन मन में यह लग रहा था कि क्या मुझे एज की वजह से छोटी क्लासेज में जाना पड़ेगा। उसी समय मुझे दिल्ली के गवर्नर का लेटर मिला, जिसमें मुझे एज रिलेक्सेशन दिया गया था। मेरी खुशी का ठिकाना न रहा। मैंने अपनी आगे की पढ़ाई शुरू कर दी, लेकिन मैंने सेल्फ स्टडी के जरिए क्लास 7, 8, 9 और 10 का ज्यादातर पार्ट पढ़ लिया था। मैं दोबारा क्लास 7 की पढ़ाई नहीं करना चाहता था। मैंने अपने दिल की बात पापा को बताई। पापा ने सीबीएसई से संपर्क कर इस बात के लिए सिफारिश की कि एक नौ साल के बच्चे को क्लास 10 का एग्जाम देने दिया जाए।

सीबीएसई और मेरा स्कूल इस बात को मानने के लिए राजी नहीं थे। जिससे हमें दिल्ली हाईकोर्ट का दरवाजा खटखटाना पड़ा और कोर्ट ने मेरे फेवर में ऐसा फैसला सुनाया, जिससे कि इंटरनेशनल मीडिया भी आकर्षित हो गया। इसको आप कह सकते हैं कि तथागत को कोर्ट ने तथास्तु होने

का आशीर्वाद दे दिया। इसमें सबसे बड़ा योगदान मेरे पापा का रहा, जिनके प्रयास के बिना यह सब होना असंभव था।

इन सालों को मैं कैसे लिखूं, मुझे नहीं पता, क्योंकि न तो यह मेरा बचपन था और न ही युवावस्था। मैंने अपनी स्कूल की पढ़ाई पूरी कर ली थी, लेकिन मैं अभी दस साल का भी नहीं हुआ था। मैं जल्द-से-जल्द अपनी एकेडमिक पढ़ाई खत्म कर रिसर्च शुरू करना चाहता था। मैंने उच्च शिक्षा के लिए पटना यूनिवर्सिटी जॉइन की। मैं सीधे बी.एससी. के फाइनल एग्जाम में शामिल होना चाहता था। प्रोफेसरों से एक इंटरव्यू के बाद मुझे बी.एससी. फर्स्ट ईयर का एग्जाम देने के लिए परमिशन मिल गई, लेकिन बी.एससी. के तीनों साल का एग्जाम एक साथ देने का रूल नहीं था। पटना हाईकोर्ट ने मुझे इसके लिए इजाजत दी, जिसका मैं हमेशा आभारी रहूंगा। 10 साल की उम्र में बी.एससी. होना रिकॉर्ड बना। मैंने जनवरी, 1999 में एम.एससी. में एडमिशन लिया और अगस्त, 1999 में इसका फाइनल पेपर भी दे दिया। यह भी एक वर्ल्ड रिकॉर्ड बना, जिसके लिए मैं बिहार के तत्कालीन गवर्नर श्री बी.एम. लालजी का आभारी हूँ, जिन्होंने मुझे इसके लिए इजाजत दी। मैं आश्चर्यचकित था कि 11 साल की उम्र में एम.एससी.? लेकिन अच्छा लग रहा था, क्योंकि यह सब मेरे साथ हो रहा था।

इसके बाद मैंने नेट की परीक्षा भी पास की, जो मेरा पहला नेशनल एग्जाम था। इसमें भी मेरी उम्र आड़े आ रही थी, लेकिन मानव संसाधन विकास मंत्रालय, भारत सरकार की स्पेशल परमिशन की बदौलत इसकी राह भी आसान हो गई। इसके बाद डिपार्टमेंट ऑफ साइंस एंड टेक्नोलॉजी (डीएसटी) से मुझे एक आमंत्रण मिला, जिसमें मुझे जर्मनी जाकर नोबेल पुरस्कार विजेताओं की मीटिंग में यंग साइंटिस्ट की टीम का हिस्सा बनना था।

जब मैं जर्मनी से वापस लौटा तो अपनी ज़िन्दगी के सबसे बुरे दिन से रू-ब-रू हुआ। 8 अगस्त, 2001 को सभी न्यूजपेपर में खबर छपी कि मैं जालसाज हूँ। डीएसटी ने इस बात को स्वीकार किया कि मेरे सर्टिफिकेट जांचे बगैर मुझे जर्मनी भेजना एक बड़ी गलती थी। जो लोग मेरी सफलता की कामना कर रहे थे, अब वे ही मुझसे नफरत करने लगे, लेकिन कहानी में मोड़ तब आया, जब दो दिन बाद डीएसटी ने प्रेस रिलीज

जारी करते हुए कहा कि उसने ऐसा कोई भी स्टेटमेंट नहीं दिया है और मुझे जर्मनी भेजना कोई गलत फैसला नहीं था। इस विवाद की वजह से मैं उस साल पीएच.डी. में एडमिशन नहीं ले सका, लेकिन अगस्त, 2002 में मैंने गेट एग्जाम पास कर इंडियन इंस्टीट्यूट ऑफ साइंस में प्रवेश लिया। यहां मैंने फर्स्ट ईयर के साथ ही चार एडवांस कोर्सेस भी किए। मेरी पहचान जो कि जर्मनी ट्रिप की वजह से धूमिल हो गई थी, वह दोबारा से आई.आई.एससी.-पीएच. डी. में दाखिला मिलने से वापस बन गई। आई.आई.एससी. में दाखिला मिलना ही इस बात का पक्का सबूत था कि मैं जालसाज नहीं हूँ।

कुछ फिजिकल प्रॉब्लम की वजह से मुझे अपनी पढ़ाई 4 महीनों के लिए रोकनी पड़ी, लेकिन जल्दी ही ठीक होकर मैंने अगस्त, 2004 में सीनियर रिसर्च फेलोशिप का एग्जाम पास कर लिया। अब मैं मुंबई आई. आई. टी. में प्रोफेसर हूँ।'

तथागत अवतार तुलसी की उपरोक्त सच्ची एवं अच्छी घटना हमारे सभी पाठकों को जबरदस्त प्रेरणा देगी और साथ ही नई आने वाली पीढ़ी के लिए भी प्रेरणा की स्रोत बनेगी। आप और हम, हमारे बच्चों और पोते-पोतियों को भी उपरोक्त जीनियस की कहानी सुनाकर उन्हें अपनी ज़िन्दगी के लक्ष्य को बनाने में मदद करें, यही मेरी सोच है।

40

लक्ष्य प्राप्ति हेतु कुछ अन्य बातें

'उस व्यक्ति के लिए कुछ भी असंभव नहीं है, जो अपनी जिंदगी का लक्ष्य निर्धारित करता है और दृढ़ता से उसे प्राप्त करने का प्रयत्न करता है। सफलता का यही नियम है।'

–मोराबी

लक्ष्य को सफल करने के लिए योग का सहारा अवश्य लें। योग से मानसिक एवं बौद्धिक विकास अवश्य होगा। अगर प्रतिदिन योग करते रहें तो निरोगी रहेंगे, स्वस्थ रहेंगे। जब स्वस्थ रहेंगे तो लक्ष्य प्राप्ति के लिए किए किसी भी काम में भरपूर आनन्द का आभास होगा। देश में ही नहीं, विदेशों में भी आज योग का सम्मान हो रहा है। करोड़ों लोगों ने पिछले 10 वर्षों में टी.वी. के माध्यम से योग अपनाना शुरू कर दिया। जो सफल व्यक्ति हैं और जिन्होंने अपने लक्ष्य को प्राप्त कर लिया, अगर आप उन लागों की सच्ची घटनाओं पर नजर डालेंगे तो निश्चित रूप से आपको अपने लक्ष्य की प्राप्ति में मदद मिलेगी। उदाहरण के लिए, अभी पिछले कुछ महीने पूर्व भारत में जिस समय अमेरिका के राष्ट्रपति ओबामा साहब आए थे, तो उनकी टीम में एक 7 वर्षीय लड़का जिसका नाम आर्या आईका है, वह भी आया हुआ था। वह राष्ट्रपति की बिजनेस टीम में सबसे छोटा बच्चा था और आर्या आईका अपने परिवार के व्यापार एवं व्यवसाय के लिए कारोबार के संबन्ध में ही इस टीम के साथ आया था। हैदराबाद का एक परिवार जो 30 वर्ष पूर्व अमेरिका चला गया था,

उन्हीं का यह बेटा आर्या इस छोटी उम्र में व्यापार एवं व्यवसाय के कार्यों को संभालने लग गया है। पत्रकार सम्मेलन में नन्हे आर्या ने कहा कि मुझे राष्ट्रपति ओबामा से मिलना है और मुझे भविष्य में अमेरिका का राष्ट्रपति बनना है। जरा सोचिए, इतना अच्छा लक्ष्य, जब इतनी छोटी उम्र में आर्या जैसा बच्चा रखेगा तो उसका भविष्य उज्ज्वल होना ही है। आप और हम तो केवल यही कर सकते हैं कि इस बात से प्रेरणा लें और बच्चों को अर्थात् आने वाले पीढ़ी को भी इस तरह की प्रेरणा दें।

इसी प्रकार पिछले दिनों नवभारत टाइम्स में एक खबर छपी थी, जिसमें लिखा था कि इंटरनेट सर्च इंजन कंपनी गूगल के इंजीनियरों ने हाल में ऐसी कार का टेस्ट ड्राइव कैलिफॉर्निया की सड़कों पर किया है, जो खुद-ब-खुद चली। गूगल ने उम्मीद जताई है कि ऐसी कारों से सड़क पर हादसों की संख्या कम करने में मदद मिलेगी।

कार वीडियो कैमरे का इस्तेमाल करती है, जो उसकी छत पर लगा है। इसमें रडार सेंसर और लेजर रेंज फाइंडर भी लगे हैं, जिससे ट्रैफिक के हालात दिख जाते हैं। वैसे, टेस्ट ड्राइव में कार पर ट्रेंड ड्राइवर और सॉफ्टवेयर एक्सपर्ट थे, जो किसी भी वक्त कार को कंट्रोल में ले सकते थे। टेस्ट ड्राइव में कार का रूट पहले से प्लान किया हुआ होता है, लोकल पुलिस को पहले से ही इसकी सूचना दे दी जाती है। कार में ऐसे सॉफ्टवेयर लगे हैं, जो कार के चारों ओर किसी चीज के नजदीक होने के बारे में बता देते हैं।

इस कार की कल्पना को अंजाम देने वाले गूगल के इंजीनियर 43 वर्षीय सेबेस्टियन ने कहा है, 'टेस्ट वाली सात कारें सड़कों पर एक हजार मील की दूरी बिना ड्राइवर के दखल के तय कर चुकी हैं। कभी-कभार ड्राइवर को कंट्रोल हाथ में लेना पड़ा तो उस हिसाब से ये कारें 1 लाख 40 हजार मील की दूरी तय कर चुकी हैं। ये तीखे घुमावों वाली स्ट्रीट से आसानी से निकल चुकी हैं। हाइवे पर भी कार का सफर मोटे तौर पर हादसों से मुक्त रहा है। सिर्फ एक बार कार ने ट्रैफिक लाइट को टक्कर मार दी थी।'

कंपनी के ऑफिशिल ब्लॉग में सेबेस्टियन का कहना है कि सेफ्टी इस प्रोजेक्ट की पहली प्रायोरिटी है। सेबेस्टियन स्टैनफर्ड यूनिवर्सिटी में कंप्यूटर साइंस और इलेक्ट्रिकल इंजीनियरिंग के भी प्रोफेसर हैं। उन्होंने कहा, हमें उम्मीद है कि हमारी टेक्नोलॉजी में यह क्षमता है कि सड़क हादसों की संख्या आधी कर सकें।

गूगल की पहचान अब तक इंटरनेट सर्च इंजन की कंपनी के रूप में रही है। हाल के वर्षों में, वह गूगल मैप्स और गूगल स्ट्रीट व्यू के जरिए लोकेशन सर्विसेज में भी काफी दिलचस्पी ले रही है। गूगल की यह ऑटोमैटिक कार बाजार में आने में बरसों लग सकते हैं, लेकिन कार से जुड़े रिसर्चरों का मानना है कि तब हम दुनिया वैसे ही बदल देंगे, जैसे इंटरनेट ने दुनिया बदल दी।

जरा सोचें कि जिस व्यक्ति के इस तरह के लक्ष्य होंगे, वह निश्चित रूप से सफल व्यक्ति कहलाएगा और इस बात का गर्व महसूस करेगा कि ज़िन्दगी में जो उसकी इच्छा थी, वह उसने पा लिया।

जब हम लक्ष्य की बात करते हैं तो एक बात जरूर ध्यान में रखें कि अहंकार कभी भी आपके मन में न आने पाए। हमें अपना लक्ष्य प्राप्त करना है, किन्तु इस लक्ष्य प्राप्ति के दौरान कभी भी अहंकार को नहीं लाना है। अगर किसी समय भी अहंकार आपके मन में आ जाए तो ध्यान रखें कि आपका पतन प्रारंभ होने वाला है। ऐसे में प्रभु को हमेशा याद कर लें और प्रभु से नम्र विनती करें कि अहंकार को छूमंतर कर दें। हमेशा इस बात का ध्यान रखें कि परोपकार, सच्ची सेवा, सच्चा मन ये सभी ज़िन्दगी के आनन्द के पहलू हैं और अहंकार तरक्की को, लक्ष्य की सीढ़ी को कमजोर कर देता है, इसलिए कभी भी अहंकार को अपने पास न आने दें।

ज़िन्दगी में जब आप लक्ष्य प्राप्ति की दहलीज पर चढ़ेंगे तो आप कभी-कभी यह भी पाएंगे कि आपका मन अशांत हो गया है। जब मन अशांत हो और आप लक्ष्य की बात करें तो मन-मस्तिष्क पर कोई भी असर नहीं पड़ने वाला। ऐसे में हमें मन को शांत करने का फ़ॉर्मूला चाहिए और मन को शांत करने का एक अच्छा सीधा फ़ॉर्मूला है, गुनगुनाते रहो। मैंने एक पत्रिका में पढ़ा था कि मन को शांत रखना है तो गुनगुनाते रहो। जो कुछ भी मन में आए, उसे गुनगुनाओ। किसी एक मंत्र के चक्कर में न पड़ो। चाहे 'श्रीराम जय राम जय जय राम' बोलो, या 'हरे कृष्णा हरे रामा' बोलो या फिर अपने इष्ट को भजो। बस गुनगुनाओ। गुनगुनाते रहने से फालतू चीजों में ध्यान नहीं जाता क्योंकि जो व्यक्ति भजन करता है, वह जितना सहज होगा, उतना ही प्रभु के करीब होगा। स्वामी जी ने कहा है कि सुख-दुःख खुद के कर्मों से मिलते हैं। सद्कर्म करने से सुख मिलता है और दुष्कर्म करने से दुःख। उन्होंने दुःख आने को पाप का क्षय और सुख आने को पुण्य का क्षय बताया। स्वामी जी ने कहा कि सांसारिक विषयों से हम खुद को जितना कम जोड़ेंगे, उतनी ज्यादा हमारे पास शांति होगी।

आप अपना लक्ष्य स्वयं निर्धारित करें और फिर ज़िन्दगी को उस लक्ष्य की ओर मोड़ दें। अमेरिका में आज लोग ऐसे रोबोट का निर्माण करने वाले हैं, जो आपके बच्चों का अध्यापक बन जाएगा। वहीं दूसरी तरफ सुनीता विलियम्स भारत में जन्मी महिला को अंतरिक्ष में पुनः उड़ान भरने की तमन्ना है और उन्होंने लक्ष्य बना लिया कि मुझे अंतरिक्ष में पुनः जाना है। अभी से जून, 2012 में अंतरिक्ष की यात्रा के लिए वे तैयारी कर रही हैं। इसी प्रकार जो लक्ष्य आप सोचें, उसे एक बार सोचने के पश्चात् पूर्ण करने के लिए तत्पर हो जाएं।

किसी भी लक्ष्य पर विचार करें और हमेशा अपने आपको उस कार्य का, उस लक्ष्य का पंडित समझें, जो आपको अपनाना है। अब किसे कहते हैं पंडित, यह बात तो हम निम्नलिखित दो-तीन श्लोक के माध्यम से जान पाएंगे-

नाप्राप्यमभिवाञ्छन्ति नष्टं नेच्छन्ति शोचितुम्।
आपत्सु न मुह्यन्ति नराः पण्डितबुद्धयः।।

पण्डितों जैसी बुद्धि वाले मनुष्य दुर्लभ पदार्थ की कामना नहीं करते। नष्ट हुई वस्तु के विषय में शोक नहीं करते और विपत्ति आने पर घबराते नहीं हैं।

निश्चित्य यः प्रक्रमते नान्तर्वसति कर्मणः।
अवन्ध्यकालो वश्यात्मा स वै पण्डित अच्यते।।

जो अपनी शक्ति को सोच-विचारकर कार्य आरम्भ करता है, जो कार्य के मध्य में नहीं ठहरता अर्थात् कार्य को अधूरा नहीं छोड़ता, जिसका समय व्यर्थ नहीं जाता अर्थात् जो सदा निर्माणात्मक कार्यों में लगा रहता है और जितेन्द्रिय है, वही पण्डित कहलाता है।

आर्यकर्मणि रज्यन्ते भूतिकर्माणि कुर्वते।
हितं च नाभ्यसूयन्ति पण्डिता भरतर्षभ।।

हे भरतकुल भूषण! पण्डितजन श्रेष्ठ कर्मों को करने में रुचि लेते हैं, ऐश्वर्य को बढ़ाने वाले और उन्नति करने वाले कार्यों को करते हैं तथा हित करने वालों से न ईर्ष्या करते हैं, न उनमें दोष निकालते हैं।

साउथ कोरिया की एक महिला चा ने ज़िन्दगी का एक लक्ष्य बनाया कि गाड़ी चलाने का लाइसेंस प्राप्त करना है। वैसे इस छोटे से लक्ष्य पर आपको और हंसी भी आ जाएगी क्योंकि गाड़ी चलाने के लिए ड्राइविंग लाइसेंस प्राप्त करना कोई बड़ी बात नहीं है, पर यह महिला साउथ कोरिया में रहती थी। बहुत लम्बे समय से उसकी तीव्र इच्छा थी कि वह गाड़ी चलाने का लाइसेंस प्राप्त करे। उस महिला ने कई बार लाइसेंस प्राप्त करने के लिए टेस्ट दिया,

किन्तु दुर्भाग्यवश वह टेस्ट में पास नहीं हो सकी। इस कारण उसे गाड़ी चलाने का लाइसेंस प्राप्त नहीं हुआ, किन्तु महिला का लक्ष्य सच्चा था, अच्छा था और वह अपने लक्ष्य के प्रति जागरूक भी थी। उस महिला ने करीब 6 वर्ष पूर्व अर्थात् अप्रैल, 2005 में पहली बार गाड़ी चलाने का टेस्ट दिया, फेल हो गई, लेकिन निराश नहीं हुई। यह टेस्ट वह प्रतिदिन देने लगी, हफ्ते में पांच दिन। फिर फेल हो गई, पर अपने लक्ष्य को पूरा करने की जो बात उसने ठान ली थी, उसको सफल करने के लिए वह जागरूक रही। बाद में उसने गाड़ी का ड्राइविंग लाइसेंस प्राप्त करने के लिए सप्ताह में दो दिन परीक्षा देनी शुरू कर दी, किन्तु फिर भी वह फेल हो गई। कुल मिलाकर 700-800 बार परीक्षा देने के बाद भी उस महिला ने ड्राइविंग लाइसेंस प्राप्त करने के लिए जो परीक्षा होती है, उसमें स्थान प्राप्त नहीं किया। लगन और लक्ष्य की एक अटूट मिसाल कि अन्त में 960वीं बार जब उस महिला ने ड्राइविंग लाइसेंस का टेस्ट दिया तो वह पास हो गई और इस खुशी में हुंदई कार कंपनी ने इस महिला को एक गाड़ी मुफ्त में गिफ्ट कर दी। ज्ञात रहे कि साउथ कोरिया में ड्राइवर की परीक्षा पास करने के लिए जो परीक्षा होती है, उसमें हर बार 5 डॉलर का प्रवेश शुल्क भी लगता है। इस महिला ने इतनी ही बार प्रवेश शुल्क भी दिया, लेकिन हिम्मत नहीं हारी और अन्त में सफल हुई। आप भी इस प्रकार की कुछ नई सोच के साथ अपने लक्ष्य को बरकरार रखेंगे तो निश्चित रूप से सफलता मिलेगी।

इसी तरह की पुराने जमाने की एक छोटी-सी घटना अखबार में मुझे मिल गई, जो हमारे पाठकों को प्रेरित करेगी कि वे अपने लक्ष्य के लिए इस घटना को ध्यान में रखें। नदी के तट पर बने गड्ढ़े ने एक दिन नदी से कहा - 'बहन! तुम कैसी मूर्ख हो, जो रात-दिन बहती रहती हो और अपना सारा पानी सागर की ओर बहा देती हो। मुझे देखो, मैं शांत होकर एक स्थान पर स्थिर रहता हूँ।'

नदी ने कहा - 'भाई! मूर्ख तुम हो या मैं, इसका निर्णय तुम नहीं कर सकते। जिसमें स्वयं देने की इच्छा नहीं होती, उनसे छीन लिया जाता है। तुम्हारा जल सूर्य अपनी किरणों से खींचकर सोख लेता है। तुम्हारे मैले पानी को कोई मनुष्य पीना पसंद नहीं करता, मात्र जानवर उसका उपयोग करते हैं। तुम्हारी संग्रह-प्रकृति के कारण ही तुम्हारे पानी को लोग गड्ढ़े का मटमैला पानी कहते हैं, उसे कोई निर्मल जल नहीं कहता।

मेरे जल में लोग स्नान भी करते हैं और पीते भी हैं। यही नहीं, मेरी पूजा भी करते हैं। मेरे जल से देवताओं का अभिषेक किया जाता है। इतना ही नहीं,

मेरे जल से खेतों में अन्न पैदा होता है। छोटे मुंह बड़ी बात कहकर तुम मेरी सतत् सेवा को मूर्खता बताते हो? जो आनन्द मुझे देने में आता है, वह मुझे अपने पास रखने में नहीं आता।

अभी वर्षा ऋतु है इसलिए तुम सजल हो। कुछ दिन बाद देखना मनुष्य तो क्या, जंगली जानवर भी तुम्हारी ओर देखना पसंद नहीं करेंगे।'

नदी की बात सुनकर गड्ढ़ा चुप हो गया।

आपने अपनी ज़िन्दगी में एक लक्ष्य निर्धारित किया और उस लक्ष्य को मद्देनजर रखते हुए जीवन की राह मोड़ दी। एक छोटा-सा कार्य और करें तो आपको लक्ष्य प्राप्त करने में जल्दी सफलता मिलेगी। वह कार्य है प्रति रविवार सोने से पहले अगले हफ्ते के जो कार्य आपको करने हैं, उनका प्रारूप बना लें। ऐसा करने से आपका अगला हफ्ता बहुत अच्छी तरह से बीतेगा और आप अपने लक्ष्य की प्राप्ति की तरफ द्रुत गति से अग्रसर हो जाएंगे। अतः हमेशा रविवार के दिन 15 मिनट का समय निकालकर एक कोरे कागज पर अगले हफ्ते के कार्यक्रम लिख डालें। मुझे पूर्ण विश्वास है कि इस छोटी-सी पद्धति को अपनाने से आपको अपने लक्ष्य की पूर्ति में सफलता मिलेगी।

अगर इस पुस्तक को पढ़ने से आपको ऐसा लगता है कि लक्ष्य प्राप्ति के कार्य में थोड़ी भी सहायता मिली है तो कृपया कम-से-कम एक या दो बातें जो आपके दिल को छू रही हों, उनका अपने दोस्तों में, अपने रिश्तेदारों में और समाज के लोगों में प्रचार-प्रसार करें, ताकि आपने जिस प्रकार लक्ष्य प्राप्त किया, उसी प्रकार समाज के अन्य लोग भी अपने लक्ष्य की पूर्ति की तरफ अग्रसर हो सकें।

■■■